成功を引き寄せる究極の二大スキル

クリエイティブ＆コミュニケーション

岡村徹也［著］

はじめに

成功を引き寄せる究極の二大スキルへの旅立ち

本書では、現代のプロフェッショナルにとって欠かせない「クリエイティブ」と「コミュニケーション」という二つのスキルに焦点を当てています。これらのスキルは、情報技術の進化やグローバル化が進む中で、個々のキャリア成長だけでなく、企業や組織全体の競争力を左右する要素でもあります。ビジネスだけでなく、人生において成功を目指すすべての人にとって、これらのスキルを理解し、実践的に活用することが不可欠です。本書は、そのための実践的なガイドとして、読者の学びと成長をサポートすることを目指しています。

それに先立ち、まずは私自身のバックグラウンドを少しお話ししたいと思います。

私は1995年に新聞社に入社し、イベントプロデューサーとしてキャリアをスタートしました。大学時代に小さなサークルの幹事長を務め、その中でいろいろな催しを企画することの楽しさを覚えました。当時、人を楽しませるイベントを手がける企業の選択肢として、メディア業界が一つの道であったことが新聞社に進んだ理由です。私が所属した新聞社は、新聞発行以外にも複合ビル事業・ドームスタジアム運営・プロ野球球団運営など、幅広いビジネスを展開するメディアコングロマリットとして多様なイベントや事業を展開していました。入社後、私はドームスタジアムのオープニングチームに配属となり、大規模イベントを企画・プロデュースする経験を積むことができました。

イベントプロデューサーとしての成功を支えたのは、「クリエイティブな発想」でした。例えば、1999年末に開催されたミレニアムカウントダウンや2000年末の世紀越えイベント、さらには立体型都市公園や池泉回遊式《ちせんかいゆうしき》日本庭園のオープニングイベントのプロデュースにも関わることができました。これらのイベントを成功に導くためには、新しい視点を持ち、多くの人を引きつけるクリエイティブなアイデアが必要でした。

ほかにも、世界的アーティストのコンサートを成功させたり、2005年の日本国際博覧会では民間パビリオンのプロデューサーとして世界的なイベント舞台に立つことができました。こうした成功体験を振り返ると、クリエイティブな発想こそが、私のキャリアを大きく飛躍させる原動力だったと確信しています。

同時に「コミュニケーション能力」も、私の成功を支えた重要な要素でした。イベントやプロジェクトを成功させるためには、多くのステークホルダー（利害関係者）と協力し、同じ目標に向かって進むことが不可欠です。そのためには、相手に対して明確で説得力のあるメッセージを伝え、信頼関係を築くことが重要でした。例えば、世界初の試みとなった女性だけの大マラソン大会「名古屋ウィメンズマラソン」を企画し、ギネス記録に登録される成果を上げた際にも、このコミュニケーション能力が大いに役立ちました。

こうして振り返ると、私のキャリアは常に「クリエイティブな発想」と「コミュニケーション能力」に支えられていたことに気づかされます。本書では、この二つのスキルがどれほど重要か、そしてこれらをどのようにして高め、実際の職場や生活の中で活用していくかについて、読者のみなさんと共有したいと思います。

加えて、私にはもう一つ別の顔があります。それは社会学者としてのキャリアです。イベントプロデューサーとしての道を歩みながら、30代前半から学者としてのキャリアも積んできました。大学の教壇にも立ち、理論と実学を融合させた講座を15年にわたって開講し、イベントプロデューサーに必要なスキルを学問的に昇華させる試みを重ねてきました。

社会学者の事業開発プロデューサーとして、本書では「クリエイティブ」と「コミュニケーション」という二つのスキルにアプローチしていきます。

クリエイティブという言葉を聞くと、アートやデザインといった分野を思い浮かべる方が多いかもしれません。しかし、現代社会におけるクリエイティブの定義はこれにとどまりません。クリエイティブとは、「新しい視点で物事を見る力」「異なるアイデアを結びつけて新たな解決策を生み出す力」「既

存の枠組みを超えて革新をもたらす力」です。

ビジネスや日常生活においても、このようなクリエイティブな思考は、課題解決において大きな役割を果たし、成功へのカギとなります。例えば、新製品を開発する際には、単なる機能改善だけでなく、顧客がまだ気づいていない新しい価値を提供することが重要です。ここでクリエイティブな発想が求められます。また、チームでのコラボレーションにおいても、異なるバックグラウンドを持つメンバーが集まることで、さまざまな視点から新しいアイデアが生まれ、それがプロジェクトの成功につながることがあります。

一方、クリエイティブなアイデアが生まれても、それを他者に効果的に伝えることができなければ、その価値は半減してしまいます。そこで重要となるのが「コミュニケーション能力」です。

コミュニケーションは、情報や感情を他者と共有し、理解し合うための基本的なスキルです。これが欠けてしまうと、どれだけ素晴らしいアイデアやビジョンを持っていても、周囲の理解を得ることができず、結果としてプロジェクトやチームの成功を妨げてしまいます。

効果的なコミュニケーションがあれば、チーム全体が共通の目標に向かって進むことができ、プロジェクトもスムーズに進行します。さらに、顧客やクライアントとの関係を強化することにもつながります。顧客のニーズを的確に理解し、それに応える提案を明確に伝える力は、ビジネスの成功に直結するものです。逆に、コミュニケーションの不足や誤解が生じれば、チーム内での対立や、顧客との信頼関係の喪失といったリスクが生まれることもあります。

本書では「クリエイティブ」と「コミュニケーション」、この二つのスキルをどうやって向上させ、実際の仕事や日常生活でどのように活用できるかについて、具体的な事例やトレーニング方法を通じて解説しています。

今後、テクノロジーがますます進化し、AI（人工知能）や自動化が進む中で、これらに代替されないスキルこそが「クリエイティブ」と「コミュニケーション」です。これらは、AIには模倣できない人間特有の強みであり、今後もその重要性は増していくでしょう。クリエイティブな発想と効果的なコミュニケーション能力を高めることで、みなさんは自らのキャリアを切り拓き、未来に向けて前進していくことができます。本書を通じて、その道のりをともに歩んでいきましょう。

みなさんの成功を心から応援しています。

本書の専門用語解説【50音順】（本文の初出には＊マークをつけています）

アファーメーション

自己肯定的な言葉やフレーズを繰り返し唱える実践のことです。これによって自己イメージを強化し、ポジティブな心理状態を促進することを目指します。アファーメーションは自己啓発や心理療法でも用いられ、個人の意識や行動に肯定的な変化をもたらすことが期待されています。

異文化間トレーニング

異なる文化背景を持つ人々と効果的なコミュニケーションをとり、協働することを目的とした教育プログラムのことです。このトレーニングは文化的な違いを理解し、尊重するための知識とスキルを提供し、文化間の誤解や対立を減らすことを目指します。

インクルージョン（包摂性）

異なるバックグラウンドや特性を持つ個人が、社会や組織内で平等に参加し、尊重され、価値を認められる状態を指します。この概念は、ダイバーシティを支え、各個人がその能力を最大限に発揮できる環境の実現を目指します。

エンパワーメント

個人や集団が自己決定や自己実現を行う能力を向上させるプロセスのことです。特に職場やコミュニティにおいて、権限や資源を提供することで個人の能力を引き出し、積極的な参加を促すために活用されます。

カタリスト

化学反応を促進し、その反応速度を高める物質を指します。カタリスト自体は反応中に消費されることなく、反応後ももとの形で残ります。この用語は比喩的にも使用され、あるプロセスや変化を促進する人や出来事を指します。人材育成の文脈で使われる際、他者の行動や意識の向上を促し、周囲に良い影響を与える人のことを指します。このような人物は、チームや組織内でポジティブな変化を引き起こす力を持っており、その存在自体が刺激となり、他者の成長を促進します。

カリスマ

特定の個人が持つ「人々を引きつけ、影響を与える魅力」や「リーダーシップの資質」を指します。この魅力によって、カリスマ的な人物は他者を鼓舞し、忠誠や尊敬を集めることができます。カリスマはしばしば、自信・情熱・説得力といった特性と関連しています。

感情知能(エモーショナルインテリジェンス)

感情知能(ＥＱまたはＥＩ)は、自分自身や他人の感情を識別・理解・管理し、それをコミュニケーションや問題解決に活かす能力を指します。高いＥＱは人間関係の構築や職場での成功に大きく寄与します。

クリティカルシンキング

情報や主張を論理的かつ批判的に分析し、評価する思考プロセスのことです。このスキルを用いることで、事実と意見を区別して、問題を効果的に解決し、意思決定の精度を高めることができます。この能力は、教育・職場・日常生活の場など、あらゆる場面で求められます。

クロスファンクショナル

異なる専門分野や部門のメンバーが一つのチームに集まり、共通の目標に向けて協力することです。このアプローチは多様な視点とスキルを活用し、複雑な問題を効果的に解決するために用いられます。

ジャーゴン

特定の職業や専門分野で一般的に使用される専門用語や表現のことを指します。これらの言葉は、その分野に精通している人々には理解しやすいものの、外部の人々にとっては難解であることが多い傾向があります。

SCAMPER《スキャンパー》法

米国の研究者アレックス・オズボーンのブレインストーミング技法をもとに、ボブ・エバールが具体化した創造的思考テクニックのことです。「置換(Substitute)」「結合(Combine)」「適応(Adapt)」「修正(Modify)」「目的転換(Put to another use)」「除去(Eliminate)」「逆転(Reverse)」の7つのアプローチを用いて、既存の製品やサービスに対するアイデア創出を助ける手法を指します。

ストーリーテリング

情報やアイデアを物語性のある形で伝える技術です。聞き手に感情的な共感を呼び起こしやすく、記憶に残りやすいため、マーケティング・教育・エンターテインメントといった幅広い分野で活用されています。物語を通じてメッセージを伝えることで、より深い理解や影響を与えることができます。

SMART《スマート》基準

米国のコンサルタント、ジョージ・T・ドランによって提唱された目標設定のためのフレームワークです。「具体的である(Specific)」「測定可能である(Measurable)」「達成可能である(Achievable)」「関連性がある(Relevant)」「時間的に定められた/期限が明確である(Time-bound)」の各要素から成り立っていて、効果的な目標設定の方法として受け入れられています。

ダイバーシティ(多様性)

個人や集団の中で異なる属性や特徴を認識し、尊重する概念です。人種・性別・年齢・国籍・宗教・障害・性的指向など、さまざまな要素が含まれます。ダイバーシティを尊重することで、より包括的で創造的な環境の促進が可能になります。

チームダイナミクス

グループ内での「個人間の相互作用」「コミュニケーションの様式」「役割分担」「リーダーシップ」といった要素が組み合わさったものです。これらのダイナミクスは、「チームの効果性」「生産性」「メンバー間の満足度」に大きく影響します。

デジタルフットプリント

インターネット上での個人・組織の活動によって残されるデジタルな痕跡のことです。「ウェブサイトの訪問」「ソーシャルメディアでの投稿」「オンラインでの購入履歴」などが含まれます。

ピアレビュー

研究者や専門家が同じ分野の同僚によって、その研究や成果物を評価されるプロセスのことです。主に「学術誌の出版」や「研究助成申請の審査」に用いられ、客観性・信頼性・有効性などを確保するための手段として用いられています。

ビジュアルエイド

プレゼンテーションや教育の際に、視覚的なサポートを提供するために使用されるツールのことです。グラフ・図表・写真・動画などが含まれ、情報の理解を助け、関心を引きつけ、記憶に残りやすくする効果があります。

マインドフルネス

現在の瞬間に意識を向け、評価や判断を下さずにありのままを受け入れる実践です。主に瞑想《めいそう》や呼吸法を通じて行われ、「ストレスの軽減」「集中力の向上」「感情のコントロール」など心理的・身体的な健康の向上に役立ちます。

メンタリング

経験豊富な個人（メンター）が、キャリアや個人的成長においてアドバイスやサポートを提供するプロセスです。メンターは知識・スキル・経験を共有し、メンティ（指導を受ける人）の目標達成を助けます。この関係は、相互的な学びと成長を促進します。

リフレクティブプラクティス

自身の経験を振り返り、そこから学びを得ることです。このプロセスを通じて、個人は自己の行動や決定の根拠を理解し、未来の行動を改善するための洞察を得ることができます。特にプロフェッショナルな成長に有効です。

目次

はじめに　成功を引き寄せる究極の二大スキルへの旅立ち……2
本書の専門用語解説……7
序　章　社会人にとっての最重要スキル……18
入門編　クリエイティブとコミュニケーションについて……21
第1章　クリエイティブ能力の基礎……22
第2章　クリエイティブ思考の実践……27
第3章　日常に潜むクリエイティビティの発見……33
第4章　クリエイティブ能力を育むトレーニング……38
第5章　クリエイティブな問題解決法……42
第6章　チームでのクリエイティブ促進……49
第7章　コミュニケーション能力の基礎……52
第8章　積極的傾聴と共感の技術……56
第9章　非言語コミュニケーションの重要性……66

基礎編　発想力や伝達力を身につけるには……69

第10章　効果的なプレゼンテーションスキル……70
第11章　書面によるコミュニケーションのコツ……81
第12章　オンラインコミュニケーションの時代……86
第13章　交渉と説得のスキル……89
第14章　異文化間コミュニケーション……92
第15章　コンフリクトマネジメント……97
第16章　ネットワーキングの技術……101
第17章　メンタリングとコーチングのコミュニケーション……107

初級編　職場で役立つ発想力や伝達力……113

第18章　リーダーシップとコミュニケーション……114
第19章　職場でのクリエイティブコミュニケーション……121
第20章　クリエイティブとコミュニケーションの相乗効果……125
第21章　コミュニケーションの障害を乗り越える……132
第22章　感情知能とコミュニケーション……140
第23章　インクルーシブなコミュニケーション……145
第24章　コミュニケーションの倫理と責任……151

中級編　スキルアップに取り組んでみよう……155

第25章　リスニングスキルを強化する……156
第26章　メディアリテラシーとコミュニケーション……162
第27章　コミュニケーションとリーダーシップ……169
第28章　コミュニケーションのバリアを超える……174
第29章　持続的な学びとスキルアップ……179
第30章　クリエイティブな思考法の応用……184
第31章　コミュニケーション能力の評価と改善……189
第32章　危機管理とコミュニケーション……193
第33章　デザイン思考とクリエイティブ……197
第34章　ストーリーテリングで伝える力を高める……202
第35章　パブリック・スピーキングのスキル……211

上級編　発想力や伝達力を使いこなすには……217

第36章　チームビルディングとコミュニケーション……218
第37章　イノベーションを生み出す組織文化……223
第38章　コミュニケーションテクノロジーの進化と対応……226

第39章　マインドフルネスとクリエイティブ　230
第40章　クリエイティブライティングの技法　233
第41章　問題解決のためのクリティカルシンキング　245
第42章　リフレクティブプラクティスで自己改善　249

応用編　工夫しだいで広がる未来　253

第43章　イノベーションを加速するためのコラボレーション　254
第44章　感情知能とリーダーシップ　257
第45章　ビジュアルコミュニケーションの力　261
第46章　ダイバーシティとインクルージョンの推進　264
第47章　クリエイティブなフィードバック文化の醸成　267
第48章　リモートワーク時代のクリエイティブとコミュニケーション　270
第49章　未来のクリエイティブとコミュニケーション　274
第50章　持続可能な発展のためのクリエイティブとコミュニケーション　285

おわりに　クリエイティブとコミュニケーションの未来への展望　296

序章

社会人にとっての最重要スキル

社会で求められるスキルとは

現代社会は、かつてないほど急速に変化しています。「テクノロジーの進化」「グローバル化」「予測不可能な市場の動向」などによって、企業や個人に求められる能力もまた、絶え間なく変わり続けています。

かつては専門知識や技術が重視されていましたが、今はそれだけでは十分とは言えません。現代社会で成功を収めるためには、新しい価値を生み出し、他者と効果的に連携する能力が不可欠なのです。これらの能力を一言で表すなら、それは「クリエイティブ」と「コミュニケーション」に集約されます。

社会で求められるスキルは、仕事の特性や業界によって異なりますが、共通して重要なのは「問題解決能力」と「人間関係構築能力」です。問題解決能力は、新しい課題に対して柔軟かつ独創的なアプローチを取る力であり、クリエイティブな思考がその基盤となります。一方、人間関係構築能力は、他者との信頼関係を築き、協力して目標を達成する力であり、これにはコミュニケーション能力が欠かせません。

これらのスキルは単に仕事を遂行するためだけではなく、キャリアを進展させ、自らの人生を豊かにするためにも不可欠です。クリエイティブな思考が新たな可能性を切り拓く一方で、コミュニケーション能力はそれを実現するための協力者を得る手段となります。この二つのスキルを組み合わせることで、どのような状況においても有利に立ち回ることができるのです。

クリエイティブとコミュニケーションの共通点と相乗効果

クリエイティブとコミュニケーションは、一見すると異なる能力のように思えるかもしれません。しかし、実際にはこの二つのスキルには多くの共通点があり、相互に補完し合う関係にあります。

まず、どちらも「表現力」を基盤としています。クリエイティブな思考は、斬新なアイデアや解決策を生み出す力ですが、それを実現するためには、自らの考えを他者に伝える力が必要です。そこで、コミュニケーション能力が重要な役割を果たします。自らのアイデアを効果的に伝えることで、他者の共感や協力を得ることができ、その結果、アイデアが現実のものとなります。

また、クリエイティブな思考とコミュニケーション能力は、ともに「柔軟性」を必要とします。創造的な発想をするためには、固定観念にとらわれず、新しい視点を持つことが求められます。一方、効果的なコミュニケーションを行うためには、相手の立場や状況を理解し、それに応じた対応が必要です。どちらも、状況や文脈に応じた柔軟な対応力がカギとなります。

さらに、クリエイティブとコミュニケーションのスキルは、相乗効果を生み出すことができます。例えば、斬新なアイデアを持つだけでは、それが実現されることはありません。そのアイデアを他者に伝え、賛同を得るためのコミュニケーションがあって初めて、実際のプロジェクトとして形を成すのです。逆に、優れたコミュニケーション能力があっても、伝えるべき内容が新しいものでなければ、その効果は限られます。クリエイティブなアイデアとコミュニケーション能力が結びつくことで、初めて大きな成果を生むことができるのです。

現代のビジネスシーンにおいて、この二つのスキルをバランスよく磨くことが、成功への道を切り拓くための最も重要な要素であると言えるでしょう。本書では、クリエイティブとコミュニケーションのスキルをそれぞれどのように磨き、実践していくかを解説します。この二つのスキルが相互に作用し、どのようにしてあなたのキャリアや人生を豊かにしていくのか、その極意をお伝えしていきます。

入門編

クリエイティブとコミュニケーションについて

第1章　クリエイティブ能力の基礎

クリエイティブとは何か

クリエイティブと聞くと、多くの人は芸術やデザインの分野に関わる特別な才能を持つ人々を思い浮かべるかもしれません。しかし、クリエイティブという概念はそれに限定されるものではなく、私たちの日常生活やビジネスの現場でも広く適用されるものです。

クリエイティブとは、新しいアイデアやアプローチを生み出す能力であり、既存の枠組みを超えた発想をする力です。つまり、クリエイティブは、何かを「つくり出す」という行為を通じて、価値を生み出すプロセスそのものを指します。

クリエイティブな能力は、あらゆる職業や役割において重要なスキルとされています。例えば、マーケティング担当者が消費者の心をつかむ斬新なキャンペーンを考案する際や、エンジニアが新しい技術を用いて問題を解決する際にも、クリエイティブな思考が求められます。つまり、クリエイティブとは特定分野に限定されるものではなく、どのような職業でも、そして日常のさまざまな場面でも発揮されるべき能力なのです。

クリエイティブ思考の基本原則

クリエイティブ思考は、単なるひらめきや偶然によるものではありません。クリエイティブな発想を生むためには、一定の思考プロセスや原則を理解し、それを実践することが重要です。以下に、クリエイティブ思考の基本原則をいくつか紹介します。

まずは、「好奇心を持つこと」がクリエイティブ思考の出発点です。世界や周囲の出来事に対して好奇心を持ち、常に「なぜ？」と問いかける姿勢が、新たな視点を生み出す源となります。この好奇心が、新しいアイデアや解決策を探るための原動力となるのです。

第二に、「異なる視点を持つこと」が重要です。私たちはしばしば自分の経験や知識に基づいて物事を考えがちですが、クリエイティブな発想を生むためには既存の枠組みにとらわれず、異なる視点から問題を見ることが必要です。例えば、他業界の事例を参考にしたり、異なる文化の考え方を取り入れたりすることで、新たな視点が生まれることがあります。

第三に、「リスクを恐れず挑戦すること」もクリエイティブ思考には欠かせません。新しいアイデアやアプローチは、しばしば失敗のリスクを伴います。しかし、失敗を恐れることなく挑戦し続けることで、真に価値のある創造的な成果が得られるのです。成功するアイデアの裏には、多くの試行錯誤があることを理解し、リスクを受け入れる勇気が必要です。

創造性と問題解決の関連性

クリエイティブな能力は、特に問題解決のプロセスにおいて強力なツールとなります。問題解決とは、既存の方法では解決できない課題に対して、新しいアプローチや解決策を見つけ出すことを指します。

このプロセスにおいて、クリエイティブな思考が重要な役割を果たします。例えば、あるビジネスが新たな市場に進出しようとする際、従来の方法では競合他社との差別化が難しい場合があります。そこで、クリエイティブな発想が求められます。競合他社とは異なるアプローチや、新しいビジネスモデルを考案することで問題を解決し、成功への道を切り拓くことができます。

また、クリエイティブな問題解決は、限られたリソース（経営資源）を最大限に活用するためにも役立ちます。例えば、予算や時間が制約されている中で、クリエイティブな発想により、従来の枠組みを超えた効果的な解決策を見つけ出すことが可能です。このように、クリエイティブな能力は、単に新しいアイデアを生み出すだけでなく、現実的な問題を解決するための強力な手段となります。

さらに、創造性と問題解決の関連性は、個人だけでなく、組織全体にも影響を与えます。クリエイティブな企業文化を持つ組織は、従業員が自由にアイデアを出し合い、リスクを恐れずに挑戦できる環境を提供します。これによって組織全体がより柔軟で革新的な問題解決能力を持つことができ、市場の変化に迅速に対応できるようになります。

クリエイティブ能力は、問題解決のカギとなるスキルであり、個人のキャリアや組織の成長において不可欠な要素です。クリエイティブ思考を習得し、それを実践することで、私たちは複雑な問題に直面しても、斬新な解決策を見つけ出すことができるのです。本章では、クリエイティブとは何か、そしてそれがどのようにして問題解決に役立つのかについて概観しました。次の章では、このクリエイティブ能力を具体的にどのように発展させていくかを探っていきます。

関連トピック

【ベックが提示するリスク社会】

ドイツの社会学者ウルリッヒ・ベックは、著書『危険社会』で、現代社会が直面するさまざまなリスクがどうやって発生し、これらがどのように社会構造に影響を与えるかを論じています。ベックは、技術的および産業的発展が進む中で新たに生じるリスク（環境汚染・核の脅威・経済的不安定性など）を指摘し、これらが個人や社会に与える影響は従来の産業社会のリスクとは異なることを強調しています。特にこれらのリスクは国境を越え、伝統的な社会構造やカテゴリーを問わないため、新たな対応策と社会的な調整が求められていると指摘しています。

ベックの「リスク社会」の論点を踏まえた上で、クリエイティブの役割は重要と考えます。現代のリスクは複雑で予測が困難であるため、従来の方法や枠組みだけでは対応が難しいことが多々あります。このような状況でクリエイティブな思考が求められるのは、新しい問題に対して柔軟かつ革新的な解決策を生み出す能力が不可欠だからです。例えば、「気候変動に対する新しい技術の開発」「持続可能な経済システムの構築」「異文化間の対話を促進するコミュニケーション手法の創出」などが挙げられます。

クリエイティブなアプローチは、リスクをただ回避するのではなく、それを機会に変えることも可能にします。例えば、環境リスクに直面する中で、再生可能エネルギーへのシフトチェンジやリサイクルプロセスの改善など、新たなビジネスモデルや製品が生まれることがあります。これらは経済だけでなく、社会にとっても持続可能な発展を促すことに寄与します。

さらに、クリエイティブなプロセスは教育や政策立案においても重要です。リスク社会における教育は、単に知識を伝えるだけでなく、未来のリスクに対処できるように「批判的思考」や「創造的解決策」を見つける能力を育成する必要があると考えます。政策立案においても、革新的なアプローチが必要とされ、科学的な知見や技術だけでなく、倫理的・文化的な側面も考慮に入れた多面的な対策が求められます。

ベックが提示するリスク社会の枠組みは、私たちが直面する課題に対してクリエイティブな思考と行動の必要性を認識させます。クリエイティビティはリスクを乗り越え、新たな可能性へと導く力を持っているため、これを積極的に育成して活用することが、今後の社会を形づくる上で重要と考えます。

第2章　クリエイティブ思考の実践

ブレインストーミングの効果的な方法

クリエイティブ思考を実践するためには、アイデアを生み出すための具体的な手法を理解し、活用することが重要です。その中でも、ブレインストーミングは最も広く使われている手法の一つです。

ブレインストーミングは、集団や個人で短時間に多くのアイデアを出し、その中から優れたアイデアを選び出すプロセスです。しかし、単に思いつくままにアイデアを出すだけでは、効果的なブレインストーミングとは言えません。ここでは、ブレインストーミングを効果的に行うためのポイントをいくつか紹介します。

まず、最も重要なポイントは「批判を控えること」です。ブレインストーミングの目的は、自由にアイデアを出し合うことであり、最初の段階では「アイデアの質よりも量」が重視されます。そのため、参加者が思いついたアイデアを批判せずに受け入れることで、より多くのアイデアが出てくる可能性が高まります。批判があると、参加者は萎縮し、アイデアを出すことを躊躇《ちゅうちょ》してしまうため、ブレインストーミングの効果が半減してしまいます。

次に、「量を追求すること」が効果的なブレインストーミングには欠かせません。初めの段階では、とにかく多くのアイデアを出すことを目標とします。数多くのアイデアが出ることで、その中から質の高いアイデアが生まれる可能性が高くなります。思いついたことはすべて出し、後からそれを整理し、実現可能性や効果を検討することで、最も有効なアイデアを選び出すことができます。

また、「多様な視点を取り入れること」も重要です。ブレインストーミングには、異なる背景や専門性を持つ人々が参加することで、より幅広い視点からアイデアを出すことができます。異なる視点が交わることで、思いもよらなかったアイデアが生まれる可能性が高まります。例えば、マーケティング担当者とエンジニアが一緒にブレインストーミングを行うことで、技術的な視点と市場のニーズが融合した新しいアイデアが生まれるかもしれません。

マインドマッピングの活用

ブレインストーミングで出たアイデアを整理し、さらに深めるための手法として、マインドマッピングが効果的です。マインドマッピングとは、中心にテーマや問題を置き、そこから関連するアイデアや情報を枝分かれさせながら視覚的に整理する方法です。この手法を用いることで、アイデア同士の関連性を把握しやすくなり、クリエイティブな思考を促進することができます。

マインドマッピングを活用する際の第一歩は、「中心となるテーマや問題を明確に設定すること」です。この中心となるテーマは、解決したい課題や探求したいアイデアであり、それがマインドマップ全体の基盤となります。次に、そのテーマに関連するアイデアや情報を自由に枝分かれさせながら書き出していきます。このプロセスでは、論理的な順序にこだわる必要はなく、思いついたことを次々に書き出すことが重要です。

「アイデアの関連性を視覚的に表現すること」が、マインドマッピングの効果を最大化するためには不可欠です。アイデアが出そろったら、関連するもの同士を線で結びつけるなどして、アイデア間の関係性を明確にします。これによって「どのアイデアが、他のアイデアとどのように関連しているか」が一目でわかるようになり、新しい発見や洞察を得ることができます。マインドマップを見直すことで、視覚的な整理が頭の中で新たなアイデアの連鎖を生み出す手助けとなるのです。

「マインドマップを進化させること」も重要です。初期段階では単純なアイデアの整理に過ぎないかもしれませんが、時間をかけてマップを更新しながらアイデアを発展させていくことで、より深い理解や斬新な解決策が生まれる可能性があります。マインドマッピングは、継続的なクリエイティブ思考のツールとして活用することができます。

事例　名古屋ウィメンズマラソンのマインドマップ

マインドマッピングは、中心となるアイデアをセンターに、関連する要素を枝分かれさせながら整理する手法です。これによって構造的にアイデアをまとめ、理解しやすくすることができます。

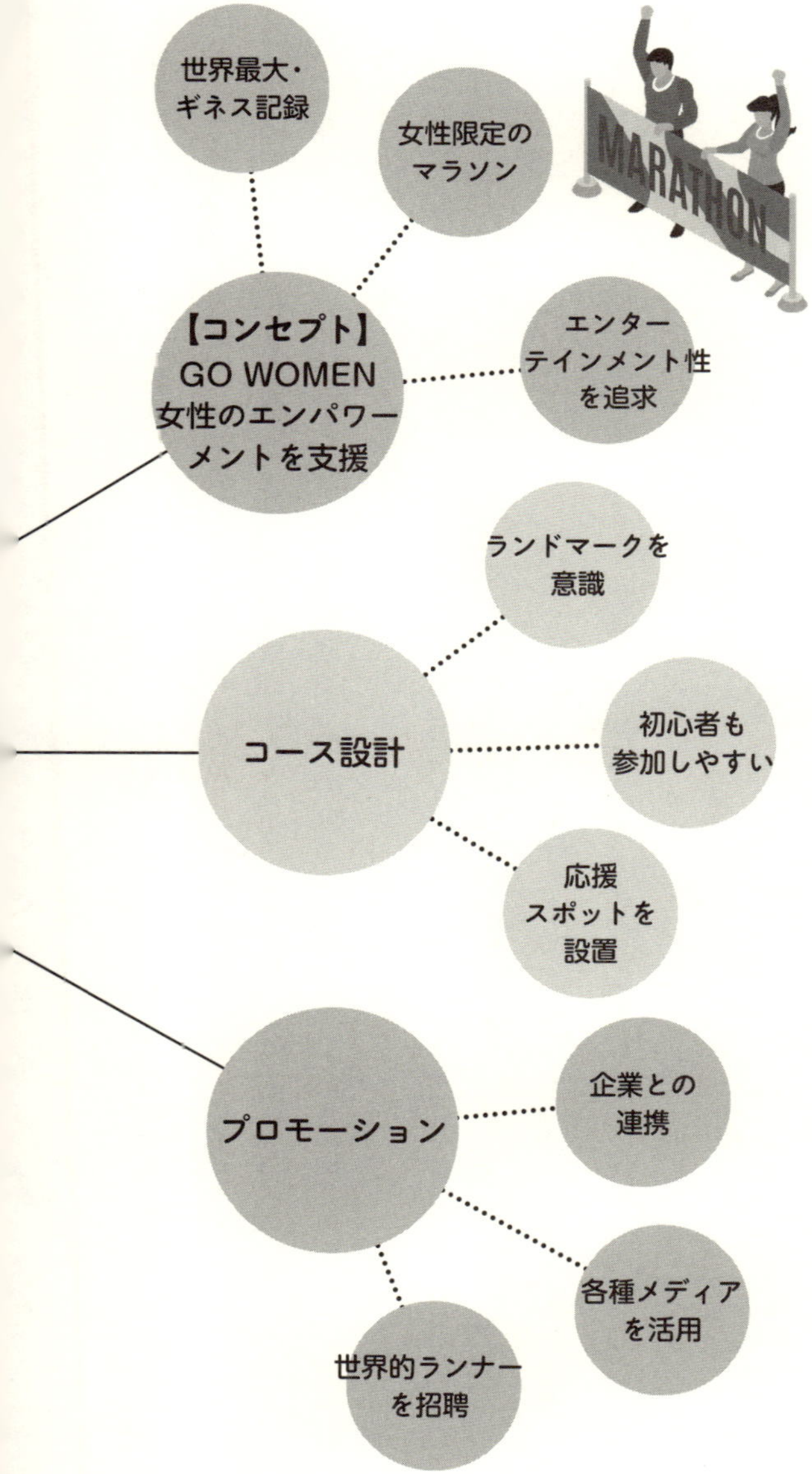

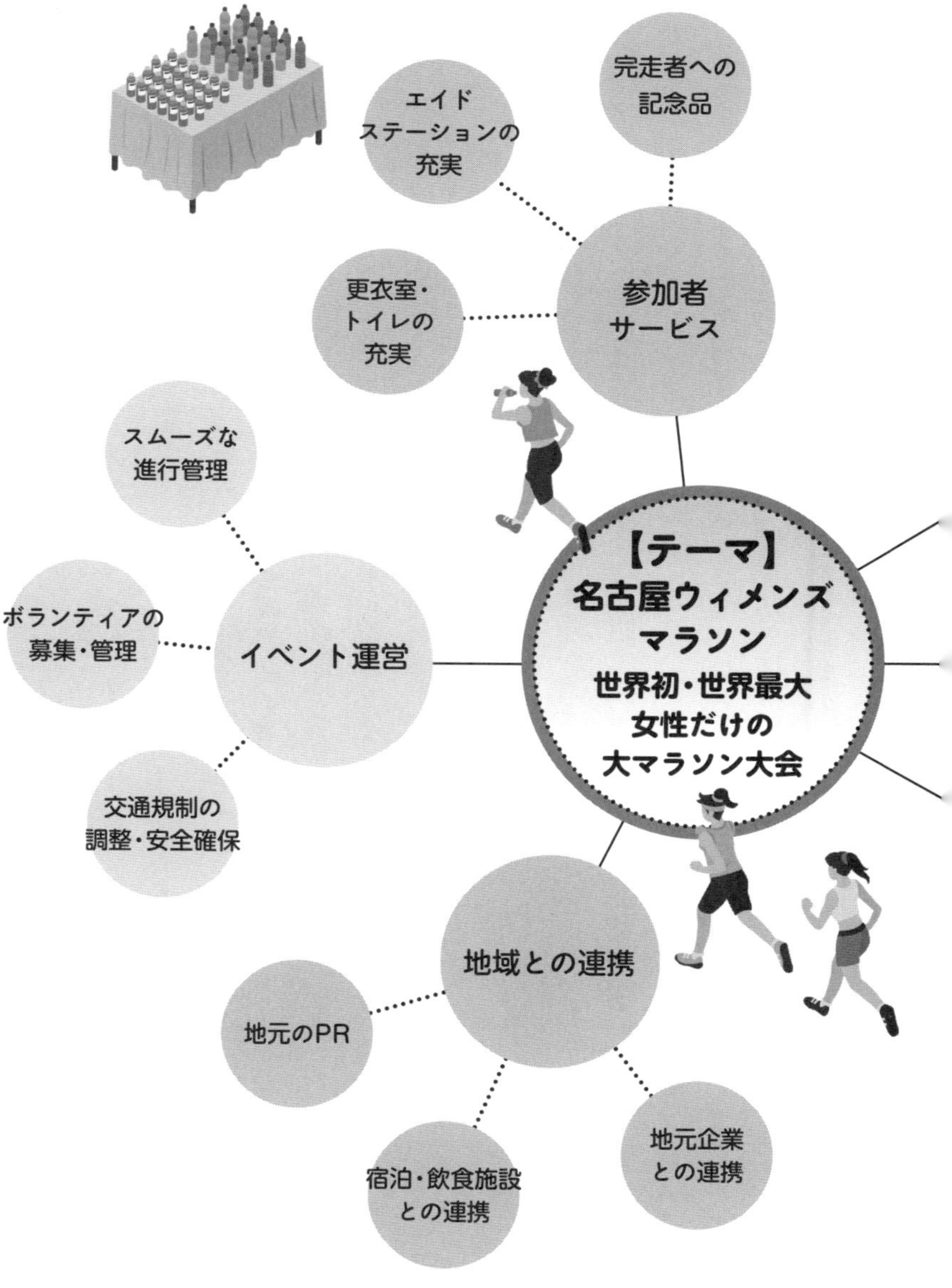
【テーマ】
名古屋ウィメンズマラソン
世界初・世界最大
女性だけの
大マラソン大会
参加者サービス
エイドステーションの充実
完走者への記念品
更衣室・トイレの充実
イベント運営
スムーズな進行管理
ボランティアの募集・管理
交通規制の調整・安全確保
地域との連携
地元のPR
宿泊・飲食施設との連携
地元企業との連携

イノベーションを生み出す環境づくり

クリエイティブ思考を実践し、イノベーションを生み出すためには、個人だけでなく、組織全体がそのための環境を整えることが重要です。イノベーションを促進する環境とは、自由にアイデアを出し合える場であり、失敗を恐れずに挑戦できる文化を持つ組織です。

まずは、「心理的安全性」を確保することが必要です。心理的安全性とは、メンバーが自分の意見やアイデアを自由に表明できる状態を指します。心理的安全性が高い職場では、従業員は自分の考えを率直に述べることができ、それがイノベーションの源泉となります。反対に、意見を述べることに対して不安や恐怖を感じる環境では、クリエイティブなアイデアが抑圧され、組織の成長が妨げられてしまいます。

また、「多様性の尊重」という文化を醸成することは、イノベーションのための環境づくりには不可欠です。異なるバックグラウンドや視点を持つ人々が集まることで、アイデアの幅が広がり、新しい発想が生まれやすくなります。多様性を尊重する組織では、異なる意見が対話を通じて交わり、革新的なアイデアが生まれる可能性が高まります。

さらに、「物理的な環境の整備」もクリエイティブ思考を促進する上で重要です。オープンスペースやリラックスできるラウンジエリアなど、従業員が自由にアイデアを交換できる場所を提供することが、創造的な交流を促進します。デジタルツールや最新のテクノロジーを活用することで、アイデアの共有やプロトタイピング（試作過程）がスムーズに行える環境を整えることも効果的です。

クリエイティブ思考を実践するためには、ブレインストーミングやマインドマッピングといった手法を効果的に活用することが重要です。しかし、それだけでなく、個人や組織がイノベーションを生み出すための環境を整えることも、同様に重要です。「心理的安全性」「多様性の尊重」「物理的な環境の整備」が組み合わさることで、組織全体が創造的で革新的な成果を生み出すことができるのです。

第3章　日常に潜むクリエイティビティの発見

日常の中でクリエイティブを見つける方法

クリエイティブなアイデアは、特別な場所や瞬間にだけ生まれるものではありません。むしろ、日常生活の中にこそ、豊かなクリエイティビティの源泉が隠されています。

私たちは普段の生活の中で何気なく行っていることの中にクリエイティブな要素を見つけ、育てることができるのです。例えば、日常の中での「観察力」はクリエイティブなアイデアを生み出すカギとなります。何気ない風景や通勤途中の景色、仕事の中でのちょっとした出来事など、普段は見過ごしてしまうようなものに注目することで、新しい発想やインスピレーションが得られることがあります。

観察力を鍛えるためには、目の前の出来事に意識を向け、細部にまで注意を払うことが大切です。小さな違いに気づくことが、クリエイティブな発想の第一歩となります。

また、日常のルーティンを少しだけ変えてみることも、クリエイティビティを発見する方法です。例えば、「通勤ルートを変える」「新しいレシピに挑戦する」「普段は読まないジャンルの本を手に取る」など、日常の中で新しい体験を積極的に取り入れることで、これまでにない視点やアイデアが生まれやすくなります。小さな変化が、新しいアイデアの源泉となるのです。

さらに、「対話を通じたクリエイティブの発見」も日常生活において重要です。家族・友人・同僚たちとの何気ない会話の中にも、新しいアイデアや発想のヒントが潜んでいることがあります。異なる視点を持つ人々との対話を通じて、自分一人では気づけなかったアイデアが浮かび上がることも少なくありません。

日常の中での対話を大切にし、それをクリエイティビティの源として活用することが重要です。

発想力を高めるための習慣

クリエイティビティを発見するだけでなく、それを育てるためには、発想力を高めるための習慣を身につけることが不可欠です。発想力は、日々の意識的な取り組みによって鍛えられます。ここでは、日常的に発想力を高めるための具体的な習慣について考えてみましょう。

まず、「ジャーナリング（自分の思考や感情を書き出していく手法）」が発想力を高めるための有効な

方法の一つです。ジャーナリングとは、日々の出来事や考えをノートに書き留める習慣のことで、自分の内面と向き合い、思考を整理することができます。毎日数分でも、日々感じたことや考えたことを記録することで、自分の思考パターンを理解し、新しいアイデアを生み出しやすくなります。また、過去の記録を振り返ることで、以前は気づかなかったつながりやヒントを発見することも可能です。

「リフレクション（内省）」も発想力を高めるために重要な習慣です。リフレクションとは、過去の経験や出来事を振り返り、そこから学びを得るプロセスです。例えば、あるプロジェクトが成功した場合、なぜ成功したのかを振り返り、その成功要因を抽出することで、次につなげることができます。また、失敗した経験についても、その原因を分析して次に活かすことで、発想力をさらに高めることができます。リフレクションは、クリエイティブな発想を生み出す土台を築くための重要なプロセスです。

「瞑想やマインドフルネス＊の実践」も、発想力を高めるための効果的な方法です。瞑想やマインドフルネスを通じて心を静め、頭の中の雑念を取り払うことで、クリアな思考が可能になります。この状態で日常を過ごすと、これまで見逃していたアイデアやインスピレーションが自然と浮かび上がることが多くなります。ストレスを軽減し、集中力を高める効果もあるため、日常的に瞑想やマインドフルネスを取り入れることは、発想力を高める上で有効です。

多様な視点を持つことの重要性

クリエイティブなアイデアを生み出すためには、多様な視点を持つことが欠かせません。多様な視点を持つことで、同じ問題や課題でも新たな角度から考えることができ、より豊かな発想が生まれるのです。

多様な視点を持つためには、「異なる分野の知識を積極的に取り入れること」が重要です。例えば、普段の仕事とは異なる分野の本を読んだり、異なる業界のセミナーに参加したりすることで、新しい視点や考え方を得ることができます。異分野の知識は、既存の問題に対する新しい解決策を見つける手助けとなることが多く、クリエイティブな発想を豊かにする重要な要素となります。

また、「異なる文化や価値観に触れること」も、多様な視点を持つための効果的な方法です。旅行や海外での経験を通じて、異なる文化や価値観に触れることで、自分の視野を広げることができます。異なる文化には、私たちが普段当たり前だと感じていることとは全く異なる考え方や習慣があり、それに触れることで新たな発想が生まれることが少なくありません。グローバルな視点を持つことで、より柔軟でクリエイティブな思考が可能となります。

「他者の意見を尊重し、柔軟に取り入れること」も多様な視点を持つためには重要です。自分の考えに固執せず、他者の意見を積極的に聞き入れることで、異なる視点を取り入れることができます。特にチームでの仕事においては、メンバー全員が持つ多様な視点を尊重し、それを取り入れることで、より豊かなアイデアが生まれることが期待できます。オープンな心を持ち、他者の意見を柔軟に受け入れる姿勢が、クリエイティブな発想を促進します。

日常生活の中には、クリエイティビティを発見し、育てるための多くのチャンスが存在します。観察力を養い、日常の中で新しい体験を積み重ね、対話を大切にすることで、クリエイティブな発想を生み出すことが可能です。また、発想力を高めるための習慣を身につけ、多様な視点を持つことで、日常生活の中から新たなアイデアが生まれやすくなります。クリエイティビティは特別な才能ではなく、日々の取り組みと意識次第で誰でも育てることができるスキルです。この章で紹介した方法を日常に取り入れ、クリエイティブな発想をより豊かに育てていくことを目指しましょう。

第4章　クリエイティブ能力を育むトレーニング

創造的な思考を促すエクササイズ

クリエイティブな思考力を高めるためには、日々のトレーニングが不可欠です。創造的な思考を促すエクササイズを取り入れることで、脳を柔軟に保ち、新しいアイデアを生み出しやすくすることができます。ここでは、いくつかの効果的なエクササイズを紹介します。

まず、「逆思考エクササイズ」です。このエクササイズは、ある課題や問題に対して通常とは逆のアプローチを考えることで、異なる視点から解決策を見つける手法です。例えば、「売上を伸ばすにはどうすればいいか」という課題に対して、「売上を減らすにはどうすればいいか」を考え、その逆の行動を取ることで、新しいアイデアが生まれることがあります。この方法は、固定観念にとらわれず、自由な発想を促進するために有効です。

もうひとつは、「SCAMPER《スキャンパー》法＊」が挙げられます。SCAMPER法とは、製品やサービスを改良するための7つの視点(Substitute＝代用する、Combine＝組み合わせる、Adapt＝応用する、Modify＝修正する、Put to another use＝転用する、Eliminate＝そぎ落とす、Reverse＝再構成する）からアイデアを生み出す手法です。例えば、「既存の機能を他の機能に置き換えたら、どうなるか」や「異なる要素を組み合わせたら、どんな新しいものが生まれるか」といった問いを投げかけることで、従来とは異なる発想が生まれます。SCAMPER法は、クリエイティブな思考を育む上で、効果的なトレーニング手法の一つです。

また、「無関係な要素を関連づけるエクササイズ」も、創造的な思考を刺激するのに有効です。これは、一見すると関係のない2つ以上の要素を組み合わせて新しいアイデアを生み出す手法です。例えば、「テクノロジーとアート」「食べ物とファッション」など、異なる分野の要素を組み合わせることで、ユニークな製品やサービスが生まれる可能性があります。このエクササイズは、異なる分野の知識を活用することで、独創的なアイデアを生み出す力を鍛えることができます。

イメージトレーニングとビジュアライゼーション

クリエイティブな能力を高めるためには、イメージトレーニングとビジュアライゼーション（視覚化）も効果的です。これらの手法は、脳内でイメージを具現化し、現実的な問題解決やアイデアの具体化に役立ちます。

イメージトレーニングは、「目標達成のためのプロセス」や「成功のイメージ」を頭の中で繰り返し描くことです。例えば、プロジェクトの成功をイメージし、そのために必要なステップを詳細に思い描くことで、実際の行動に移す際にスムーズに進めることができます。この手法は、アスリートがパフォーマンスを向上させるために用いることでも知られていますが、ビジネスや創造的な活動においても有効です。イメージトレーニングを日常的に行うことで、目標達成への道筋がクリアになり、実行力が高まります。

ビジュアライゼーションは、抽象的な概念やアイデアを視覚的な形で表現する手法です。例えば、アイデアをマインドマップ・図表・イラストなどで表現することで、複雑な考えを整理し、より具体的な形にすることができます。このプロセスを通じて、頭の中でぼんやりとしていたアイデアが鮮明になり、実行可能な計画に落とし込むことが可能となります。

空飛ぶ車のビジュアライゼーション

ビジュアライゼーションは、特にクリエイティブなプロジェクトを進める際に有効です。例えば、新製品のコンセプトを視覚的に表現することで、チームメンバーとの共有が容易になり、フィードバックを得やすくなります。また、アイデアを具体的に視覚化することで、潜在的な問題点や改善点に気づくことができ、プロジェクトの成功率を高めることができます。日常的にビジュアライゼーションを取り入れることで、クリエイティブな発想を具体化し、実現する力を養うことができます。

フィードバックを活かしたクリエイティブの成長

クリエイティブな能力を向上させるためには、フィードバックを活かすことが重要です。フィードバックは、自己改善のための貴重な情報源であり、他者の視点からの意見を取り入れることで、自分の考えやアイデアをさらにブラッシュアップすることができます。

フィードバックを効果的に活用するためには、オープンマインドを持つことが不可欠です。他者からのフィードバックは、時には厳しいものや自分が思ってもみなかった視点からの指摘が含まれることがあります。しかし、それを拒絶するのではなく、積極的に受け入れ、自分の成長につなげる姿勢が大切です。フィードバックを受け入れることで盲点に気づき、アイデアをより洗練したものに進化させることができます。

フィードバックを得るためには、適切なタイミングと方法でそれを求めることも重要です。例えば、プロジェクトの初期段階でフィードバックを求めることで、早い段階での軌道修正が可能となり、後々のトラブルを未然に防ぐことができます。また、フィードバックを求める際には、具体的な質問を投げかけることで、より実践的で有益な意見を得ることができます。例えば、「このアイデアのどの部分が弱いと思いますか」や「改善すべき点はどこでしょうか」といった質問をすることで、具体的な改善策を見つける手助けとなります。

フィードバックを受けた後には、その内容をしっかりと反映させることが大切です。フィードバックをただ受け入れるだけではなく、それをもとに具体的な行動を起こすことで、クリエイティブな成長が促進されます。

フィードバックを反映させるためには、受けたフィードバックを振り返り、それを具体的な改善策に落とし込むプロセスが重要です。これによって自分のアイデアがより洗練され、成功へと近づくことができます。

クリエイティブ能力を育むためには、日々のトレーニングが重要です。創造的な思考を促すエクササイズやイメージトレーニング、ビジュアライゼーションを取り入れることで、脳を柔軟に保ち、新しいアイデアを生み出しやすくすることができます。また、フィードバックを活かして自己改善を図ることで、クリエイティブ能力はさらに向上します。これらのトレーニングを継続的に実践することで、日常生活の中からクリエイティビティを育て、ビジネスや人生においてより大きな成功を収めることができるでしょう。

第5章　クリエイティブな問題解決法

複雑な問題を分解するテクニック

クリエイティブな問題解決には、まず問題そのものを理解し、適切に対処することが不可欠です。特に複雑な問題に直面した場合、その全体を一度に解決しようとすると圧倒されがちです。ここで有効なのが、問題を小さな部分に分解するテクニックです。

このアプローチは「デコンポジション（分解）」と呼ばれ、大きな問題をより小さく、扱いやすい部分に分割します。具体的には、問題を構成する各要素を識別し、それぞれに対する解決策を別々に考える方法です。例えば、新しい製品を市場に投入する際の課題を、「製品開発」「マーケティング」「顧客対応」の3つのセグメントに分け、それぞれのセグメントに対して最適なアプローチを考えることができます。

このテクニックの利点は、問題の各部分に集中することで、それぞれの要素に対する洞察を得られることです。また、小さな成功体験を積み重ねることで、チームのモチベーションを維持し、最終的な目標達成に向けて効率的に進めることが可能になります。

シナリオプランニングの実践

シナリオプランニングは、未来のさまざまな可能性を想定し、それぞれに最適な戦略を立てる方法です。このプロセスでは、異なる未来シナリオを創造し、それぞれのシナリオにおける課題と機会を分析します。これによって、予期せぬ未来に対しても柔軟かつ迅速に対応できる準備が整います。

シナリオプランニングを行う際は、まず広範な環境分析からはじめます。社会的・経済的・技術的・政治的要因を総合的に考慮し、これらが将来にどのような影響を及ぼす可能性があるかを考察します。その上で、それぞれの要因が組み合わさった異なる未来のシナリオを複数作成し、それぞれについて議論を行います。

次に、それぞれのシナリオに対する戦略を検討します。どのような状況になった場合にどういう対応をするか、具体的なアクションプランを作成します。これによって将来に対する不確実性を減らすと同時に、機会を最大限に活用する準備ができます。

フィールドリサーチを活用したアイデア創出

フィールドリサーチは現場から直接情報を収集することで、新しいインサイトやアイデアを得る方法です。実際のユーザーの生活や使用状況を観察することで、理論や仮説では捉えきれない実際のニーズや問題点を発見することができます。

フィールドリサーチを行う際には、事前に明確な目的を設定することが重要です。「何を知りたいのか」「どのような情報が必要か」を具体的に定義し、それに基づいて調査計画を立てます。そして、対象となるユーザーグループを選定し、インタビュー・観察・アンケートなどの方法を用いてデータを収集します。

収集したデータは、クリエイティブな問題解決のための貴重な資源となります。ユーザーの生の声や行動をもとにして、新たなサービスや製品のアイデアを生み出したり、既存のサービスを改善したりすることができます。また、フィールドリサーチから得られた洞察は、他の方法では得られない理解を可能にし、より実践的で効果的な解決策を導き出すための基盤となります。

クリエイティブな問題解決法を身につけることは、個人や組織が直面するさまざまな課題に対処

するために重要です。複雑な問題を効果的に分解し、将来のシナリオを想定し、フィールドリサーチを通じて得た洞察を活用することで、革新的なアイデアを生み出し、実現することが可能です。これらのスキルを鍛えることによって、あらゆる状況においてクリエイティブで効果的な解決策を見つけ出す能力が向上します。

事例　名古屋ウィメンズマラソンのシナリオプランニング

先々の不確実な状況を想定し、複数のシナリオを構築することで、最適な意思決定やリスク管理を行う手法が「シナリオプランニング」です。名古屋ウィメンズマラソンでもさまざまな状況を想定し、柔軟に対応できるように計画策定しました。

シナリオ1：晴天・通常開催

★スムーズな運営が可能。

★観客の来場が増加する可能性から、沿道運営体制を最適化。

★給水体制を確認し、ランナーの水分補給を最適化。

シナリオ2：悪天候（雨・強風・低温）

★ランナーの安全確保のため、医療体制を確認。

★雨天時に備え、防寒などの案内を事前に強化。
★低体温症対策を医療チームからヒアリングし、広報と連携して事前案内に努める。

シナリオ3：大規模イベント開催時の運営負担

★エントリーの段階で、人数を適切にコントロール。
★スタートをウェーブスタート方式に変更し、スタート時の混雑・混乱を防ぐ。
★給水所やトイレの増設、ボランティアの増員を確保。

シナリオ4：交通トラブル・アクセス制限

★公共交通機関が利用できない場合、シャトルバスの運行を計画。
★交通規制による渋滞を防ぐため、一般道の代替ルートを設定して広報に努める。
★参加者や周辺住民向けに、移動経路を提供。

シナリオ5：新型コロナウイルス感染症対策

★ランナーと運営者双方の安全を確保できる体制づくりを準備。
★オンラインマラソン開催の可能性を検討。
★アプリ会社と連携し、オンラインできる仕組みを整備。

このようにシナリオプランニングを用いることで、未来のリスクやさまざまな可能性が浮き彫りになってきます。柔軟な対応策を事前に準備するために役立ちます。

事例　名古屋ウィメンズマラソンのフィールドリサーチ

フィールドリサーチとは、現場での観察やインタビューを通じて、実際のニーズや課題を発見し、新しいアイデアを生み出す手法です。名古屋ウィメンズマラソンでも、ランナーや観客の声を収集し、それをもとに改善策を考案しました。

1．ランナーの行動観察（スタート前・レース中・ゴール後）

★スタート前にランナーがトイレに長時間並んでいることを確認。
↓トイレの設置数を増やし、並ぶ時間を短縮。
★レース中、給水所の混雑が激しいエリアを特定。
↓給水所の運営方法・内容を見直し、混雑の分散を図る。
★ゴール後、ランナーが記念品の受け取りエリアに長時間滞在。
↓記念品の受け取りエリアを拡大し、スムーズに受け取りができるように改善。

2．過去の参加者インタビュー

★参加者から「大会のフィニッシャーズアイテムが楽しみ」との声。
↓高級感のある記念品を導入し、女性ランナーの満足度向上を図る。
★「沿道で魅力的な給食がない」という意見。

↓地元グルメを活かした給食アイテムを用意するなどし、地域活性化にも貢献。

3.観客のフィールドリサーチ

★家族や友人がランナーを応援しやすい場所を分析。
↓観客席や応援ゾーンを再設計し、より多くの人が楽しみながら観戦できるように工夫。
★観客向けにスマホアプリでランナーの現在地をリアルタイム表示。
↓応援したいランナーがどこを走っているか確認しやすくした。

4.ボランティアスタッフへのヒアリング

★スタッフから「ランナーに道を聞かれることが多い」というフィードバック。
↓主要エリアに案内板を増設し、ランナーの迷子を防止。
★「ランナー数人に対して、エイドステーションで補給が間に合わなかった」との指摘。
↓スポーツドリンクや補給食の配布方法と数を見直した。

5.海外の女性ランナー参加大会を調査

★女性向けに実施している取り組みの成功事例を調査し、名古屋ウィメンズマラソンに適用。
★女性向け仮設トイレのあり方を調査し、名古屋ウィメンズマラソンでは清潔感を高めるため、除菌シートや芳香剤を設置した。

フィールドリサーチは観察やヒアリングを通じて、机上では見えなかった現場のリアルな課題やニーズを発見できます。参加者・観客・運営スタッフなど、多角的な視点から改善策を検討でき、成功事例を参考にしながら独自のアイデアを組み込むことができます。このような手法を組み合わせることで、名古屋ウィメンズマラソンは世界的な人気イベントとして進化を続け、多くのランナーに愛される大会となっています。

第6章　チームでのクリエイティブ促進

集団創造のダイナミクス

クリエイティブなアイデアは個人だけでなく、集団の中でも生まれます。チーム内でクリエイティビティを最大限に引き出すには、「集団創造のダイナミクス」を理解し、有効に活用することが重要です。集団創造は、個々のメンバーが持つアイデア・スキル・経験が互いに結びつき、新たな価値を生み出すプロセスです。

集団創造の成功には、オープンなコミュニケーションが不可欠です。チームメンバー間で情報が自由に流れ、意見が積極的に交わされる環境を整えることが、新しいアイデアを生み出す土壌となります。このためには、リーダーが安全で支援的な環境を保証することが求められます。チーム内での役割分担を明確にし、それぞれのメンバーがその能力を最大限に発揮できるような構造をつくることも、集団創造を促進するためには重要です。

創造的なセッションを定期的に開催することで、メンバー間のアイデアが連鎖的に発展し、思いもよらない提案が生まれることがあります。これらのセッションでは、「ブレインストーミング」や「SCAMPER法」などのテクニックを用いることが効果的です。

多様性が創造力を高める理由

多様性はクリエイティビティを高めるための重要な要素です。異なる背景・専門知識・文化・経験を持つ人々が一堂に会することで、新たな視点やアイデアが生まれる確率が高まります。多様なチームは、より多くの刺激と異なる解釈を提供し、それが独創的な解決策を見つけ出すきっかけとなることが多いと言えます。

多様性がクリエイティビティを促進する理由の一つに、異なる知識の組み合わせが挙げられます。例えば、工学の専門知識を持つメンバーとデザインの専門知識を持つメンバーが協力することで、技術的な実現可能性と美的な魅力を兼ね備えた製品を創出できる可能性が高まります。また、異文化間の交流によって、通常は見過ごされがちな顧客のニーズや新しい市場の可能性に気づくことがあります。

多様性を活かすためには、異なる意見やアイデアを受け入れ、尊重することが不可欠です。これには、個々のメンバーが互いの違いを理解し、それを価値あるものと認識する文化を築くことが求められます。

チームワークとクリエイティブの相乗効果

チームワークが機能することで、クリエイティブな成果はさらに高まります。個々のメンバーの強みを活かしつつ、チーム全体として協力して取り組むことで、個人では達成できないような革新的なアイデアやプロジェクトが実現可能となります。

チームワークを促進するためには、「共通の目標に向かって全メンバーが一丸となる」ことが重要です。チームの目標と個々の目標が一致することで、メンバーはより高いモチベーションを持って取り組むことができます。また、「適切なフィードバック」と「評価システム」を導入することで、メンバーが自身の貢献を正確に理解し、自己成長を促すことができます。

チーム内での信頼関係の構築も、クリエイティブな協力を実現するためには欠かせません。信頼関係が築かれているチームでは、リスクを恐れずに新しいアイデアを提案しやすい環境が整うだけでなく、失敗を恐れずに挑戦することが奨励されます。これによってチーム全体のクリエイティビティが向上し、より良い成果が期待できるのです。

チームにおけるクリエイティビティの促進は、「集団創造のダイナミクスの理解」「多様性の尊重」「効果的なチームワークの実践」によって成し遂げられます。これらの要素が組み合わさることで、個々のクリエイティビティが最大限に発揮され、組織全体としても革新的な成果を生み出すことが

できます。クリエイティブな問題解決を目指すチームは、これらの原則を日々の業務に取り入れることで、持続可能な成果と成功を実現できるでしょう。

第7章　コミュニケーション能力の基礎

コミュニケーションとは何か

コミュニケーションは、人と人との間で情報を交換し、理解を深めるためのプロセスです。これには言葉による直接的な会話だけでなく、「書面でのやり取り」「身体言語（ボディー・ランゲージ）」「表情」など多様な方法が含まれます。

コミュニケーションの本質は、単に情報を伝えることだけではなく、受け手がその情報をどのように解釈し、理解するかにも焦点を当てることです。効果的なコミュニケーションは、「人間関係の構築」「チームワークの促進」「ビジネスの成功」といった幅広い場面でその力を発揮します。

効果的なコミュニケーションの要素

コミュニケーションを効果的に行うためには、いくつかの重要な要素を理解して実践することが必要です。ここでは、「明確性」が挙げられます。伝えたいメッセージを明確にし、誤解の余地がないようにすることが重要です。これには簡潔で直接的な言葉を選び、受け手が容易に理解できるように配慮することが含まれます。

聞くことの技術、すなわち「アクティブリスニング」も重要です。コミュニケーションは双方向のプロセスであるため、発信するだけでなく、相手の言っていることを注意深く聞き、理解を深める努力が求められます。

また、「適切なフィードバック」を提供することも、効果的なコミュニケーションには欠かせません。フィードバックは、相手が自分のメッセージをどのように受け取ったかを理解する手段であるほか、相手に自分の理解を確認する機会も提供します。建設的なフィードバックは関係を強化し、さらなるコミュニケーションを促進するのです。

言語と非言語のコミュニケーション

コミュニケーションのプロセスにおいて、言語的手段だけでなく、非言語的手段も大きな役割を果たします。非言語コミュニケーションには「体の動き」「ポーズ」「表情」「目の動き」「声のトーンや速度」などが含まれ、これらは言葉と同様に、またはそれ以上に強力なメッセージを伝えることができます。

非言語コミュニケーションの利点は、特に感情の伝達において顕著です。例えば、声の高さや強さは、話している内容の感情的な重要性を強調することができます。また、身振り手振りは言葉に力を加えたり、特定の点を強調したりするのに役立ちます。非言語的手段は、言語だけでは伝えきれないニュアンスや感情を伝え、コミュニケーションの理解を深めるために不可欠です。

非言語コミュニケーションの誤解を避けることも重要です。文化的背景によっては、同じジェスチャーや表情が異なる意味を持つことがあります。例えば、ある文化では目を見て話すことが誠実さを示す行為とされていますが、別の文化ではそれが不快や挑戦と受け取られることがあります。したがって、異文化間コミュニケーションにおいては、非言語的サインの文化的な意味を理解し、適切に使用することが成功のカギとなります。

効果的なコミュニケーションのための具体的なアプローチ

コミュニケーション能力を高めるためには、いくつかの具体的なアプローチが有効です。まず、「聞き手中心のコミュニケーション」を心がけることが重要です。これは、メッセージを伝える際に、相手の知識レベル・興味・感情などを考慮し、相手が理解しやすい方法で情報を提供することを意味します。相手の視点を理解し、それに基づいて情報を構成することで、より効果的にコミュニケーションを行うことができます。

「定期的なフィードバックの交換」もコミュニケーションを強化します。これには、定期的にフィードバックを求めること、そして提供することが含まれます。フィードバックを通じて、自身のコミュニケーションスタイルの効果を評価し、改善点を特定することができます。相手からのフィードバックを受け入れ、積極的に自己改善に努めることで、コミュニケーション能力を継続的に向上させることが可能です。

「エンパシー（共感）を持つ」ことも、コミュニケーションには重要です。エンパシーは相手の感情や状況を理解し、それに応じたコミュニケーションを行う能力です。相手の立場に立って考え、感じることで、より人間味のある、心に響くコミュニケーションが可能となります。

コミュニケーション能力は個人の成功だけでなく、組織全体の効率と効果を高めるためにも重要です。この章では、コミュニケーションの基本概念、効果的なコミュニケーションの要素、そして言語的および非言語的なコミュニケーションの活用方法を紹介しました。これらの知識を活用し、日常のコミュニケーションにおいてもこれらの原則を実践することで、より明確で、効果的で、感情に訴えるコミュニケーションが可能となります。これによって、より良い人間関係の構築、チームワークの向上、そして個人的なキャリアの成功へとつながるでしょう。

第8章　積極的傾聴と共感の技術

傾聴力を高めるためのステップ

「積極的傾聴」は、相手が言っていることを注意深く聞き、理解しようとするコミュニケーション技術です。効果的なコミュニケーションには欠かせないこのスキルは、相手に対する敬意を示し、信頼関係の構築に寄与します。傾聴力を高めるためには、以下のステップを実践することが重要です。

【全注意を相手に向ける】

会話中、他のことに気を取られずに相手の言葉に集中することは、コミュニケーションを成功させるために重要です。常に相手の目を見て、言葉だけでなく表情や身振りからも情報を読み取ります。

スマートフォンや周囲の雑音など、他の気を散らす要因から意識を遠ざけることが大切です。これによって相手が自分に完全に注目していると感じさせ、コミュニケーションがより深いレベルで行われるようになります。

目を見て話を聞くことで、信頼関係を築きやすくなり、相手からの情報も逃さずにキャッチできるようになります。

【非言語的サインを読み取る】

言葉だけでなく、身振り・表情・声のトーンなどの非言語的な手がかりからも情報を得ます。これらのサインは、相手の感情や言葉の背後にある意味を理解する手助けとなります。

また、相手の目の動きや姿勢からも多くの情報を読み取ることができます。例えば、相手が目を逸らしたり、体を閉じるような姿勢を取ったりすると、不安や抵抗を感じている可能性があります。これらの非言語的な要素を注意深く観察することで、相手の真の気持ちや意図をより深く理解することが可能になり、コミュニケーションの質が向上します。

このように非言語的なサインを適切に解釈することは、相手との関係を強化し、より効果的な対話を実現する上で重要です。

【フィードバックを提供する】

相手の言ったことを自分の言葉で要約し、理解が正しいかを確認します。これによって誤解を防ぎながら、相手に真剣に話を聞いていることを示すことができます。

このフィードバックプロセスは、コミュニケーションが双方向であることを強化し、相手が自分の意見や感情を適切に伝えたと感じるようにするためにも重要です。要約することで、不明な点や疑問を明らかにし、さらに深い対話へとつなげることが可能です。

また、これは相手からの信頼を得るためにも効果的であり、よりオープンな意見交換を促進するための基盤を築くことに役立ちます。

【質問をする】

適切な質問を通じて話の詳細を引き出し、さらに理解を深めます。ただし、相手を攻撃したり、不快にさせたりするような質問は避けることが重要です。

質問する際には、オープンエンド(制限を設けない)の質問を使って相手が自由に意見や感想を述べられるように努めることが効果的です。これによって、コミュニケーションがより豊かで意義のあるものになります。また、質問の仕方に注意を払うことで、相手に敬意を示し、信頼関係を築く助けにもなります。話をさえぎることなく、相手が完全に意見を述べ終えるのを待つことも、効果的な対話のためには重要です。

これらのステップを実践することで、より深いレベルでのコミュニケーションが可能となり、相手からの信頼を得ることができます。

共感の力で信頼関係を築く

共感は他人の感情や見解を理解し、それに対して同調する能力です。共感を示すことは、相手との関係を強化し、コミュニケーションを円滑にするために効果的です。共感的なコミュニケーションを行うためには、次のポイントを心がけることが重要です。

【感情を言語化する】

相手の感情を言葉に出して表現することで、その感情を理解していることを示します。例えば、「それは大変だったね」といった表現が役立ちます。このように感情を言語化することによって相手に共感を示し、安心感を提供することができます。

また、「それは本当に素晴らしいね」と喜びを共有する言葉も、相手の感情に寄り添う助けになります。感情を言葉で表現することは、相手が自分の感情を正しく理解し、受け入れてもらえていると感じさせるため、関係の深まりにも寄与します。

このプロセスを通じて、より信頼性の高いコミュニケーションが行われ、双方の理解が深まります。

【同じ経験からの共感を示す】

可能であれば、自分の似た経験を共有することで、相手の気持ちに共感していることを示します。例えば、相手が困難な状況を語っている場合、類似の体験を穏やかに話すことで、その感情を理解していると伝えることができます。ただし、自分の話で相手の話をさえぎることがないよう注意が必要です。

自己の経験を述べる際には、それが相手の話題に寄り添い、相手の感情を支える形であることを確認しましょう。この方法は、会話において信頼関係を築く手助けとなって、相手に安心感を与えます。ただし、相手の話を聞くことを優先し、自分の話題で会話を支配しないように心がけることが大切です。

【判断を避ける】

共感を示す際には、相手の行動や感情に対する評価や判断を避けることが大切です。「相手が安心して自分の本音を話せる環境を提供する」ことが、共感の本質です。共感を通じて、相手に理解されていると感じさせることで、より強固な信頼関係が築けます。

このプロセスでは、相手の言葉や感情に耳を傾け、その経験を尊重することが重要です。批判や解決策をすぐに提示するのではなく、相手が感じていることを受け入れ、その感情を正当化します。こうすることで、相手は自分が価値を持っていると感じ、コミュニケーションがより開かれたものになります。結果として、相手は自分自身をよりオープンに表現する勇気を持つことができ、相互理解と心のつながりが深まります。

フィードバックの技術

フィードバックはコミュニケーションスキルを向上させ、相互理解を深めるために不可欠です。効果的なフィードバックを行うには、以下の点に注意してください。

【具体的かつ建設的に】

フィードバックは具体的な事例をもとにして行い、改善のための具体的な提案を伴うようにします。また、ポジティブなフィードバックを積極的に行い、相手のモチベーションを支えます。このアプローチによって、相手はフィードバックを個人への攻撃ではなく、成長の機会として受け取ることができます。

フィードバックを提供する際には、批判的な内容も必要な場合がありますが、それを伝える方法は慎重に選ぶ必要があります。具体的な行動や結果に焦点を当て、「その行動がなぜ問題だったのか」「どのように改善できるのか」を明確に説明します。さらに、改善のための行動計画を一緒に考えることで、フィードバックがより受け入れられやすくなり、相手も自ら進んで改善に取り組むようになります。

このように具体的かつ建設的なフィードバックは、相手の能力を最大限に引き出し、成長を促すだけでなく、チーム全体のポジティブな環境を育成するための重要なツールとなります。

事例 プレゼンテーションスキルの向上

社内研修のプレゼンテーションコンテストで、社員のAさんが発表をしたときのことです。スライドの情報量が多すぎて、聴衆が内容を理解しにくいという課題がありました。そこでフィードバックを提供するときに、下記のような建設的なアプローチを取りました。

1. 具体例の提示

「スライド5枚目で説明したデータですが、情報が多すぎて、聴衆がどこに注目すればいいか、わかりにくくなっていました。実際、会場の何人かがメモを書くのに時間を取られ、話の流れを追いにくそうでした」

2. 改善提案

「次回は1スライドに1つのメッセージを明確にする形で構成してみるのはどうでしょうか？ 例えば、図やグラフを活用して視覚的に伝えると、もっとわかりやすくなると思います」

3. ポジティブなフィードバック

「とはいえ、話し方はとてもわかりやすく、質問にも落ち着いて対応できていました。スライドの工夫を加えれば、さらに説得力が増すはずです!」

このフィードバックをもとにAさんはスライドのデザインを見直し、次のプレゼンでは「シンプルでわかりやすい」と好評を得ることができました。

【適切なタイミングで】

フィードバックはタイミングが重要です。「問題が発生した直後」や「相手が受け入れる準備ができているとき」に行うことで、その効果を最大限に発揮することができます。

フィードバックを提供する最適なタイミングは、相手が最も注意を払いやすい状態にあるときです。このタイミングを見極めることによって、フィードバックの内容がより深く理解され、実際の行動変化につながりやすくなります。

また、「成果が出た直後にポジティブなフィードバックを行う」ことも効果的です。これによって良い行動が強化され、継続的な改善や成長の動機づけにもなります。

フィードバックを適切なタイミングで提供することは、その受け入れやすさを大きく左右し、結果的にその有効性を向上させる重要な要素となるのです。

事例 **営業チームの成果向上**

営業チームでは、新人営業担当者Bさんが初めて契約を獲得しました。この成果を見逃さず、契約成立直後にポジティブなフィードバックを行いました。

1．即時のフィードバック

「Bさん、おめでとう！　クライアントのニーズを的確に把握し、それに応じた提案ができた成果ではないでしょうか。特に、交渉の際の粘り強い姿勢が功を奏したと思います」

2．強化すべき行動の明確化

「この成功を活かして、次の商談でもクライアントの課題を深掘りし、具体的な提案を示せるよう準備を進めましょう」

3．成長のためのアドバイス

「次回、交渉の場面で相手の反応をもっと深く読み取れれば、よりスムーズに契約をまとめられるはずです。どのポイントが決め手になったのか、交渉を振り返ってみましょう」

こうした即時フィードバックにより、Bさんは自信を深めるとともに、成功の要因を明確に理解することができました。次の提案に向けた改善点も具体的に把握でき、継続的な成長につながったのです。

【相手の立場を尊重して】

フィードバックを伝える際は、相手の立場や感情を考慮し、尊重の念を持って行います。攻撃的または非難的な言い方は避け、相手が自己改善のための気づきを得られるよう支援します。このアプローチはコミュニケーションを円滑にし、相手に防御的な態度を取らせることなく、オープンで建設的な対話を促します。

フィードバックのプロセスでは、相手が受け入れやすいように配慮をすることが重要です。言葉選びに注意し、批判ではなく具体的な事例をもとにした構築的な提案を心がけます。さらに、相手の長所や成果を認めることで、ポジティブな環境をつくり出し、改善点に対する受容性を高めることができます。

このようにして、フィードバックは相手の自己認識を深め、個人の成長や能力開発に寄与する重要なツールとなります。

事例　職場での部下指導

営業チームの新入社員Cさんは、最近のプレゼンテーションでうまく説明できず、顧客からの質問にも的確に答えられませんでした。そのため、Cさんにフィードバックをする必要がありました。

1．ポジティブな要素を先に伝える

「Cさん、プレゼンの構成自体はしっかりできていて、スライドのデザインもわかりやすかったですね。資料作成の工夫が感じられました」

2．具体的な改善点を指摘する

「ただ、顧客からの質問が出たときに少し戸惑ってしまいましたね。もう少し想定問答を準備しておくと、より自信を持って答えられると思います」

3．建設的な提案をする

「次のプレゼンに向けて、一度ロールプレイ（役割演技）をやってみませんか？　私が顧客役になって質問をするので、一緒に練習してみましょう」

Cさんはプレゼンの良い点を認められたことでモチベーションを維持しながら、次回の改善点を受け入れることができました。ロールプレイによる練習を行った結果、次のプレゼンでは自信を持って顧客対応ができるようになったのです。

これらのテクニックを駆使することで、フィードバックは有益な学習機会となり、相互の関係を強化する手段となります。「積極的傾聴」と「共感」は、他者との有意義な関係を築き上げるための基本です。これらのスキルは、日常のさまざまな対話において相手との理解を深め、信頼関係を強化するために不可欠です。また、フィードバックの技術を適切に活用することで、コミュニケーションはさらに洗練され、個人の成長だけでなく、組織全体の成果向上にも寄与します。本章では、これらのコミュニケーション能力の基礎を構築し、実践する方法を紹介しました。これらの原則を日常生活に取り入れ、日々のコミュニケーションを豊かにしていきましょう。

第9章　非言語コミュニケーションの重要性

表情・ジェスチャー・姿勢の影響

非言語コミュニケーションは言葉を使わずに感情や意図を伝える手段であり、特に表情・ジェスチャー・姿勢はその中でも強い影響力を持っています。これらの非言語的要素は、コミュニケーションの全体的なメッセージに深みを加え、言葉だけでは伝わらないニュアンスを伝えるのに役立ちます。

表情は、感情を直接的に表現する最も強力な手段の一つです。喜び・悲しみ・怒り・驚きなど、顔の表情だけで多くの感情を伝えることができます。例えば、微笑《ほほえ》みは友好的な態度を示し、信頼感を与えることができます。逆に、顔をしかめることで、不快感や不同意を表すことがあります。

ジェスチャーは、手や腕の動きを用いて特定のメッセージを強調するのに使われます。指差しや手振りは、言葉と連動して用いることで、話している内容の明確化や強調に役立ちます。また、ジェスチャーはエネルギーのレベルを示すこともでき、熱心な話し方を補完する手段として機能します。

姿勢もまた、コミュニケーションにおいて重要な役割を果たします。開かれた姿勢、例えば腕を広げたり、前のめりになったりすることで、関心や受容の態度を示すことができます。一方で、腕を組んだり、背を向けたりする姿勢は、防御的または閉鎖的な態度と受け取られることがあります。

パラ言語の使い方

パラ言語は言葉の内容ではなく、声のトーン・リズム・速度といった話し方に関わる要素です。これらの要素は、言葉の意味を強化したり、状況に応じた感情の微妙なニュアンスを伝えたりするのに役立ちます。

声のトーンは、話す内容の感情的な重みを伝えるのに有効です。柔らかく穏やかなトーンは安心感を与え、対話を促進しますが、硬いトーンは時に強い意志や緊急性を伝えるために使用されます。また、リズムや速度を変えることで、リスナーの注意を引きつけたり、特定のポイントを強調したりすることができます。

文化差がコミュニケーションに与える影響

文化は非言語コミュニケーションの解釈に大きな影響を及ぼします。異なる文化背景を持つ人々とのコミュニケーションでは、特定のジェスチャー・表情・声の使い方が異なる意味を持つことがあり、誤解を招く原因にもなるのです。例えば、一部の文化では直接的な目の接触が信頼の証《あかし》とされますが、他の文化ではそれが失礼または挑戦的と受け取られることがあります。

グローバルな環境で効果的にコミュニケーションを行うためには、異文化間での非言語コミュニケーションの違いを理解し、尊重することが不可欠です。異なる文化の慣習を学び、それに適応することで、より円滑なコミュニケーションが可能となり、国際的な関係を強化することができます。

非言語コミュニケーションは、効果的なコミュニケーションのための不可欠な要素です。表情・ジェスチャー・姿勢・声のトーンとリズムなどを適切に使用することで、コミュニケーションの効果を高めることができます。さらに、文化的な違いを理解し、それに敏感であることがグローバルなコミュニケーションの成功には欠かせません。非言語コミュニケーションの技術を磨くことで、より豊かで効果的な対人関係を築くことができるでしょう。

基礎編

発想力や伝達力を身につけるには

第10章　効果的なプレゼンテーションスキル

プレゼンテーションの準備と構成

効果的なプレゼンテーションは、「丁寧な準備」と「明確な構成」からはじまります。成功するプレゼンテーションは、「目的がはっきりしている」「内容が整理されている」「聞き手が理解しやすい」というものです。準備段階では、以下のステップに従って進めることが重要です。

【目的の明確化】

プレゼンテーションの目的を明確に定義します。これには、「聞き手に何を理解してもらいたいか」「どのような行動を促したいか」が含まれます。

目的を明確にすることで、プレゼンテーションの構造を適切に組み立てることができ、聞き手が内容を容易に理解し、プレゼンターが望む反応を示しやすくなります。また、目的をはっきりさせることは、使用する資料や例を選ぶ際のガイドラインとなり、話の流れをスムーズにし、聞き手の関心を引きつけるのに役立ちます。

具体的には、プレゼンテーションで解決したい問題や提供したい情報の価値を明確にすることが重要です。これによって、聞き手がプレゼンテーションから得られる具体的な利益を理解し、積極的に関与する可能性が高まります。

【聞き手の分析】

効果的にメッセージを伝えるためには、聞き手の知識レベル・関心・期待を理解することが不可欠です。聞き手のニーズに合わせて内容を調整することによって、プレゼンテーションが関連性を持って受け入れられやすくなり、聞き手の関与を最大化することが可能になります。

例えば、専門的なトピックを扱う場合、聞き手がその分野の「専門家であるか」「初心者であるか」によって、使用する用語や説明の深さを変える必要があります。また、聞き手の興味や関心が高いポイントに焦点を当てることで注意を引きつけ、理解を深めることができます。さらに、その期待に応えることで信頼を築き、メッセージの受け入れを促進することができます。

聞き手分析を行うことは、プレゼンテーション効果を最大限に引き出し、目的を達成するための重要なステップとなります。

【主要なメッセージの選定】

プレゼンテーションの主要なメッセージを選び、それを支える情報やデータを整理します。情報は過不足なく、ポイントを絞り込むことが大切です。このプロセスでは、メッセージの明確性と関連性を最優先に考慮し、聞き手に最も影響を与える内容を中心に展開します。

主要なメッセージを選定する際には、プレゼンテーションの目的と聞き手のニーズを照らし合わせることが重要で、これに基づいて最も重要な情報を選び出し、それを支える具体的な例や統計を用意します。また、情報を適切に組み立てることで、メッセージが聞き手にクリアに伝わり、説得力を持たせることができます。

選ばれたメッセージには、聞き手が行動を起こすための呼びかけや具体的な行動指針も含めることが効果的です。

【構成の計画】

プレゼンテーションには「導入」「本論」「結論」のクリアな構造を持たせます。導入部で聞き手の注意を引き、本論で詳細情報を提供し、結論で強力な印象を残すことが重要です。

導入部では、関心を引く事実や問題提起を行い、聞き手が話題に興味を持つように設計します。この段階で、プレゼンテーションの目的と聞き手が期待する内容を明確に提示することが重要です。

本論部分では、主要な議論を展開し、支持する証拠やデータを用いて論点を補強します。ここでの情報は、聞き手が理解しやすいように論理的かつ段階的に整理されるべきです。

結論ではプレゼンテーションの要点を再確認し、聞き手に行動を促す強いメッセージを残します。この部分で感情に訴えかける要素を取り入れると、プレゼンテーションの効果を高めることができます。

全体を通じて、メッセージが一貫性を持ち、聞き手に明確な理解と印象を与えるよう心がけます。これらの準備を怠ると、プレゼンテーションの効果が薄れ、聞き手の興味を引きつけることができません。

ストーリーテリングで伝える力を強化する

ストーリーテリング＊は、プレゼンテーションに感情と記憶に残る要素を加える強力な手法です。話に物語を織り交ぜることで、聞き手の感情に訴え、メッセージをより効果的に伝えることができます。

【物語の構造】

「はじまり」「中盤」「終わり」がはっきりしたストーリーを用意します。聞き手が主人公や状況に感情移入できるようにし、メッセージを自然に組み込みます。

物語の「はじまり」では、興味を引く事件や問題を提示して聞き手の注意を集めます。「中盤」では、主人公が直面する挑戦や葛藤を展開し、これによって聞き手の感情が高まるよう工夫します。そして「終わり」には解決策を提示し、教訓やメッセージを明確にします。

この構造に沿ってストーリーを構築することで、聞き手ははじめから終わりまで物語に引き込まれ、伝えたい核心をしっかりと受け取ることができます。また、物語に共感や感動を誘う要素を加えることで、メッセージの印象を深め、より長く記憶に残るようにします。

事例　イベント・事業づくり講演会での活用

「失敗を恐れずに挑戦することの大切さ」について講演を行う際に、自身の経験を物語形式で語りました。

1.はじまり(問題提起)

「社会人になってイベントを仕事にしはじめたばかりのころ、構想した事業を企画書にうまくまとめることができない時期がありました。部の先輩にも『もっとおもしろいものはできないのか』と言われるばかりで、私は『この仕事が向いてないのでは……』と思うこともありました」

2.中盤(挑戦)

「数か月経ったある日、先輩が『失敗することは成長のチャンスだ』と言ったのです。その言葉に励まされ、私は指摘を受けた企画書を徹底的に見直すことと、毎日一つだけでも新しいイベントや事業を考えるようになりました。時間を見つけては先輩に企画書をチェックしてもらいました。最初は大変でしたが、ある日ふと気づいたんです。『あれ? イベントや事業を考える力がついてきている。おもしろい企画を思いつき、それを企画書にまとめられるようになっている!』」

3.終わり(解決策・メッセージ)

「そして入社3年目を過ぎたころ、私はイベントや事業を考えること、そして企画書づくりが得意になっていました。あのとき失敗を恐れて考えることをやめていたら、挑戦しなかったら、今の私はなかったかもしれません。だからみなさんも、失敗を恐れずに一歩を踏み出してみてください」

会場の聴衆は講演に引き込まれ、多くの聴衆が「自分もがんばろう」と感想を述べました。単なる教訓を説くのではなく、実体験を物語の形式で語ることで、強く心に響いたのではないかと思います。

【感情的なつながり】

ストーリーには、聞き手が共感できるような感情的な要素を含めることが大切です。これによって、プレゼンテーションの内容が聞き手の記憶に残りやすくなります。

感情的なつながりをつくることで、聞き手は情報をただ受け取るだけでなく、深いレベルで感じ取り、より個人的な関連性を見いだします。例えば、挑戦や成功の物語を通じて、希望や勇気といった感情を呼び起こすことができます。また、失敗や学びの経験を共有することで、聞き手を勇気づけるメッセージを提供することも可能です。

これらのストーリーは、単なる事実の羅列以上の意味を持ち、聞き手に強い印象を与え、プレゼンテーションを通じて伝えたい核心的なポイントを効果的に伝える手段となります。

事例 企業のブランドストーリー戦略

あるスポーツブランドが、新たに開発したランニングシューズの市場投入を計画したときのことです。単に機能性の高さを訴求するだけでなく、感情的なつながりを生むストーリーを通じてブランド価値を高めたいと考えていました。

1. 主人公の紹介（共感を生む人物設定）

キャンペーン広告では、ランニングをあきらめなかった一人の女性ランナーを紹介しました。彼女はマラソンで完走することを夢見て、何度も挑戦と挫折を繰り返していました。

2．葛藤と挑戦（感情的な要素を強調）

彼女の練習の苦労や努力が伝わる映像を盛り込み、視聴者に「もし自分が彼女の立場だったら」と想像させる構成にしました。

3．成功と感動（感情的なピーク）

最後に、彼女が新しいランニングシューズを履《は》き、ついに完走できるシーンを映し出しました。そして、「あなたの挑戦を支える」というポジティブなメッセージで締めくくったのです。

この広告は単なる製品紹介ではなく、「夢をあきらめない挑戦」というメッセージを通じて共感を呼び、製品への関心を高め、予想を超える売上を収めるとともに、ブランド価値を向上させることができました。

【教訓やメッセージ】

ストーリーの終わりには、明確な教訓やメッセージを提示します。これがプレゼンテーションの目的に直結していることが重要です。

ストーリーテリングの中で提供される教訓やメッセージは、聞き手に強い印象を残し、思考や行動に影響を与える力を持っています。全体のプレゼンテーションを締めくくる要素として機能するとともに、聞き手が持ち帰るべき核心的なポイントを強調します。

教訓やメッセージは、具体的かつ覚えやすい形で提供することで、聞き手が内容をより容易に理解し、記憶に留めやすくなります。これを効果的に行うためには、ストーリー全体を通じて構築された感情的なつながりを最大限に活用し、メッセージが聞き手の心に響くよう工夫することが不可欠です。

このようにすれば、プレゼンテーションは単なる情報の伝達を超え、変化を促す力を持つことができます。

事例　ビジネスプレゼンテーションでの教訓の活用

新しいプロジェクトを立ち上げる際、チームのモチベーションを高めるためにストーリーテリングを活用することにしました。単にデータを提示するだけでなく、教訓を含むストーリーを用いることで、プロジェクトへの意識を強くすることをねらいました。

1. はじめに（個人的なエピソードを紹介）

「かつて私はプロジェクトの失敗を経験した」と話しはじめました。担当したプロジェクトでは、チームが方向性を見失い、最終的にはプロジェクトが頓挫《とんざ》してしまったことを説明しました。

2. 中盤（失敗の教訓と気づき）

「しかし、振り返ってみると、最大の問題はチーム全体のビジョンが統一されていなかったことでした」と続け、失敗から得た学びを明確に示しました。チームが個々に異なる目標を持っていたため、連携がうまくいかず、結果的に全員の努力が分散してしまったことを強調しました。

3．終盤（新しいプロジェクトに向けたメッセージ）

「だからこそ、今回のプロジェクトでは最初に全員でビジョンを共有し、チームが一丸となって取り組めるようにします」と結論づけ、過去の失敗から学んだ教訓を活かし新プロジェクトの成功につなげる決意を表明しました。

このストーリーを通じて、聞き手は単なる「プロジェクトの目的」ではなく、「なぜチームのビジョン統一が必要なのか」を深く理解し、納得しました。会議後、チームメンバーは自主的に意見を交換し、プロジェクトの方向性を具体的に議論する動きが活発化しました。結果的にプロジェクトはスムーズに進み、成功を収めることができました。

ストーリーテリングは、単なる事実の羅列よりも遥かに強い印象を聞き手に与えることができます。効果的なストーリーと組み合わせることで、より強いインパクトを生み出し、聞き手の心に深く刻まれるようになります。

受け手を引きつけるビジュアルデザインのコツ

視覚情報は人間の脳に直接訴えるため、プレゼンテーションにおいてビジュアルデザインは重要です。効果的なビジュアルデザインは、受け手の理解を助け、興味を持続させることができます。

【シンプルさ】

ビジュアルはシンプルであるべきです。過度に複雑または詰め込み過ぎたスライドは避け、ポイントを一つに絞ったクリアなデザインを心がけます。

シンプルなビジュアルデザインは情報の処理を容易にし、受け手がメッセージを迅速に理解するのを助けます。ビジュアルエレメントを最小限に抑え、関連性のある画像やグラフィックのみを使用することで、プレゼンテーションの焦点を鮮明に保つことができます。また、色の使用も慎重に選び、強調すべきポイントに対して効果的なコントラストを提供することで、視覚的なインパクトを高めつつ、受け手の注意を散漫にさせることなく情報を伝えることができるようになります。

このようなアプローチによって、プレゼンテーションはよりプロフェッショナルで説得力のあるものとなり、受け手に強い印象を残すことができます。

【視覚的な一貫性】

フォント・色・レイアウトの一貫性を保ちます。これによって、プレゼンテーション全体の専門的なイメージを維持し、受け手の理解を助けます。

一貫したデザイン要素は、プレゼンテーションを通じて情報の流れをスムーズにし、視覚的な混乱を避けることができます。同じフォントスタイルとサイズを使用し、色彩を限定して調和させることで、受け手は重要な情報に集中しやすくなります。また、レイアウトを整理整頓して配置することで、各スライドの内容が明確に伝わり、情報を追いやすくなります。この一貫性はプレゼンテーションのプロフェッショナリズムを強調し、受け手に信頼感を与え、情報の吸収を最大限に促します。

効果的なビジュアルデザインによって、プレゼンテーションの目的とメッセージが強化され、より印象的で説得力のある結果につながります。

【視覚的な強調】

重要なポイントは色やサイズの変更で強調します。これによって受け手の注意を引き、メッセージの重要部分を際立たせることができます。特に重要ポイントや行動を促す呼びかけなど受け手に記憶してほしい情報に対して、コントラストの強い色や大きな文字サイズを使用することが効果的です。

このような視覚的手法は、プレゼンテーションの中で情報の階層を明確にし、内容を直感的に理解しやすくします。また、グラフや図表においても、特定のデータやトレンドを強調するために色分けを行うことで、視覚的なインパクトを高め、情報の取り込みを容易にします。

これらの戦略を適切に活用することで、プレゼンテーションがより効果的に受け手の記憶に残り、伝えたいメッセージが明確に伝わります。

効果的なプレゼンテーションスキルは、「準備と構成」「ストーリーテリング」「視覚的な強調」の3つの主要な要素に基づいています。これらのスキルを磨くことで、どのような相手に対してもメッセージを明確に伝え、強い印象を残すことができます。プレゼンテーションの成功は情報の伝達だけでなく、受け手との感情的なつながりを築くことにも依存しているため、これらのテクニックの習得はとても価値があります。

第11章　書面によるコミュニケーションのコツ

明確で説得力のある文章の書き方

書面によるコミュニケーションは、職場での成功に不可欠です。明確で説得力のある文章を書くためには、内容を慎重に計画し、受け手が容易に理解できるように配慮する必要があります。以下は効果的な文章を書くための基本的なステップです。

【目的を明確にする】

文書を書く前に、「何を達成したいか」を明確に定義します。これは「読者が何を学ぶべきか」「どのように反応すべきか」を理解するのに役立ちます。

【主要なポイントを先に述べる】

文章の冒頭で最も重要な情報を伝えることで、読者の注意を引き、メッセージの重要部分を際立たせます。

【簡潔さと明確さを保つ】

余計な言葉を省き、簡潔に情報を伝えることが重要です。複雑な文法や専門用語の過度な使用は避け、平易な言葉で明確に表現します。

【論理的な構造】

情報を論理的に整理し、読みやすい形式で提供します。段落ごとに一つのアイデアに焦点を当て、流れを自然にします。

これらの原則に従うことで、文章はより説得力を持ち、プロフェッショナルな印象を与えることができます。

メールや報告書の書き方

メールや報告書は、ビジネスコミュニケーションにおいて頻繁に使用される重要なツールです。これらの文書を効果的に作成するためには、以下の点を考慮する必要があります。

【適切な形式を選ぶ】

メールは通常、短くて簡潔なコミュニケーションに適しています。対照的に、報告書はより詳細な情報と分析を提供するためのものです。文書の種類に応じてスタイルとトーンを調整します。

【明確な件名やタイトルを使用する】

件名やタイトルは、内容の要約であり、読者にとっての指針です。具体的で関連性のあるタイトルを選び、内容が何についてのものなのかを明確にします。

【情報の階層化】

重要な情報からはじめ、次に詳細を追加します。読者が最も重要な点を先に把握できるように構成すると、効率的な読み取りが可能となります。

誤解を避けるためのチェックリスト

書面コミュニケーションにおいて、誤解を避けることは非常に重要です。誤解を防ぐためのチェックリストは、以下の通りです。

【言葉の選択に注意する】

曖昧《あいまい》な表現や多義的な言葉は避け、意味が明確で一貫した用語を使用します。

【文書をレビューする】

文書を送信または提出する前に、文法や綴《つづ》りの誤りがないか、また論理的な誤りや情報の不足がないかを確認します。

【フィードバックを求める】

可能であれば、文書を第三者にレビューしてもらい、内容の明確さや誤解の余地がないかをチェックしてもらいます。

これらのステップと注意点を踏まえることで、書面によるコミュニケーションはより効果的で、誤解の少ないものになります。

事例　**誤解を避けるためのチェックリストの活用**

ある営業部門で、顧客に送った契約内容の説明メールが原因で誤解が生じ、クレームにつながりました。そこで、メール送信前に「誤解を避けるためのチェックリスト」を活用することにしました。

1．改善前のメール

件名：スポンサー契約について

こんにちは、〇〇会社の△△です。

先日ご案内した契約についてですが、スポンサー契約期間は1年間となります。契約内容について何かご質問があれば、お知らせください。

よろしくお願いいたします。

↓課題

★「スポンサー契約期間1年間」が更新可能かどうか不明確。

★契約開始日・終了日が明記されていない。

★「何かご質問があれば」が曖昧（どの部分について問い合わせできるのか不明）。

2．改善後のメール（チェックリストを活用）

件名：【重要】◇◇スポンサー契約の詳細について
こんにちは、○○会社の△△です。
ご契約いただいた◎◎イベントのスポンサー契約について、以下の契約条件をご確認ください。

契約内容
開始日：2025年1月1日
終了日：2025年12月31日（自動更新なし）
更新希望の場合：2025年10月1日までにご連絡ください。
お問い合わせについて
契約条件やオプションの変更についてのご相談は、担当△△（××@××.com）までお願いいたします。

↓改善ポイント

★具体的な契約期間と更新条件を明記。
★問い合わせの範囲を明確化。
★誤解を防ぐため、要点を箇条書きで整理。

結果として、顧客とのやり取りがスムーズになり、契約に関するトラブルが減少しました。

書面によるコミュニケーションは、ビジネスにおいて重要な役割を果たします。「明確で説得力のある文章の書き方」「メールや報告書の適切な使用」「誤解を避けるための注意点」を理解して実践することで、あなたのコミュニケーションスキルは向上し、プロフェッショナルな印象を与えることができるでしょう。

第12章　オンラインコミュニケーションの時代

デジタル時代のコミュニケーションの変化

デジタル技術の急速な進化は、私たちのコミュニケーション方法に革命的な変化をもたらしました。インターネットとモバイルデバイスの普及によって、テキスト・音声・動画といった多様な形式でリアルタイムに情報を共有できるようになったのです。これによって、時間や場所の制約が大幅に緩和され、グローバルなコミュニケーションが一般化しました。

デジタルコミュニケーションの主な特徴は、その即時性とアクセシビリティ（利用しやすさ）です。情報が瞬時に共有され、反応がすぐに得られるため、ビジネスや個人間の対話がよりダイナミックになりました。しかし、この変化は、プライバシーの問題や情報過多といった新たな課題も引き起こしています。そのため、デジタルコミュニケーションを効果的に活用するには、これらの特性と課題を理解し、適切に対応するスキルが求められます。

リモートワークでの効果的なコミュニケーション方法

リモートワークが一般的になる中で、効果的なコミュニケーションはチームの生産性と連帯感を維持するために不可欠です。リモート環境下でのコミュニケーションには、以下のようなポイントが重要です。

【定期的なチェックイン】

リモートチームメンバーとの定期的なミーティングを設定し、進捗《しんちょく》状況や課題を共有します。これによってチームメンバーが孤立感を覚えることなく、目標に対する共有意識を持つことができます。

【適切なツールの選定】

コミュニケーションツールはプロジェクトの性質やチームのニーズに応じて選定します。「オンライン会議」「インスタントメッセージング」「プロジェクト管理ツール」などを適切に組み合わせ、効率的な情報共有を実現します。

【クリアなコミュニケーション】

リモート環境では誤解が生じやすいため、意図を明確に伝えることが重要です。簡潔で明確なコミュニケーションを心がけ、必要に応じて文書で情報を補完します。

SNSやチャットツールの使い方

ソーシャルメディアやチャットツールは、即時性と便利さからプライベートだけでなく、ビジネスシーンでも広く利用されています。これらのツールを効果的に使いこなすには、以下の点を考慮することが重要です。

【プロフェッショナルな振る舞い】

ビジネスコンテキスト（仕事の場面）では、個人的なSNSの使用慣習と区別して、プロフェッショナルなコミュニケーションを心がけます。言葉づかいや共有する情報の選定に注意し、相手に敬意を表する内容を心がけることが大切です。

【情報のセキュリティ】

機密情報の取り扱いには特に注意が必要です。セキュリティ対策が施されたツールを選び、アクセス制御や情報の暗号化を確実に行います。

【適切なツールの選択】

コミュニケーションの目的に応じて、最も適切なツールを選択します。例えば、フォーマルな報告にはメールが適している場合が多く、即時性が求められる場合にはチャットツールが便利です。

デジタル技術の発展によって、オンラインコミュニケーションの重要性はますます高まっています。効果的なデジタルコミュニケーションスキルを身につけることで、リモートワークの課題を乗り越え、チームとしての協働を強化し、ビジネスの効率を向上させることができます。この章では、「デジタル時代におけるコミュニケーションの変化」「リモートワークでのコミュニケーション方法」「SNSやチャットツールの効果的な使用方法」を紹介しました。これらの知識を活用することで、どのような環境下でもクリアで効果的なコミュニケーションが可能となります。

第13章　交渉と説得のスキル

交渉の基本戦略

交渉はビジネスや日常生活の多くの面で必要とされるスキルです。効果的な交渉を行うためには、いくつかの基本的な戦略を理解し、適用することが重要です。

【事前準備】

交渉に臨む前には、十分な準備が必要です。これには「交渉の目的」「相手の可能性のある要求」「自身の要求と譲れない点」などを明確にすることが含まれます。また、「相手の背景」や「交渉に影響を与える可能性のある要因」についても調査します。

【相手を理解する】

効果的な交渉では、相手のニーズや動機を理解することが重要です。これによって相手が価値を置く点を見極め、より有利な提案が可能になります。

【開かれたコミュニケーション】

交渉中はオープンなコミュニケーションを心がけ、明確で正直な対話を行うことが重要です。これによって信頼を築き、双方にとって有益な解決策を見つける手助けとなります。

【柔軟性を持つ】

交渉では予期せぬ提案や変更が発生することもあります。目的を達成するためには柔軟に対応し、創造的な解決策を模索する必要があります。

これらの戦略を適用することで、交渉時により良い成果を得ることができるでしょう。

説得力を高めるためのテクニック

説得は、相手に行動を促すために自分の考えや提案を効果的に伝えるプロセスです。説得力を高めるためには、以下のテクニックが有効です。

【情報に基づく説得】

強い説得は事実とデータに基づいて行うことが重要です。客観的な情報や統計を提供することで、主張の信憑性《しんぴょうせい》を高めます。

【感情を交える】

論理だけでなく、感情に訴えることも説得の効果を高めます。ストーリーテリングを用いて、感情的なつながりや共感を生み出すことができます。

【相手の利益を強調】

提案が相手に「どのような利益をもたらすか」を明確にすることは重要です。自己利益ではなく、相手の利益を前面に出すことで、より説得力のあるメッセージとなります。

ウィンウィンの関係を築く方法

交渉や説得においては、単に自己の利益を追求するだけでなく、相手にも利益をもたらす「ウィンウィン」の関係を目指すことが望ましいです。これを実現するためには、以下の方法が効果的です。

【共通の利益を見つける】

相手との共通点や共通の利益を見つけ出し、それを基盤として関係を築きます。

【長期的な関係を重視する】

「一時的な利益」を追求するのではなく、「長期的な関係」を構築することを目指します。これによって、継続的な協力基盤をつくることができます。

【相手の立場を尊重する】

相手の立場や制約を理解して尊重することで、相手も同様にあなたの立場を尊重するようになります。これは、互いに利益をもたらす関係を築くための重要なステップです。

これらの方法を通じて、相互に利益をもたらす持続可能な関係を築くことが可能になります。

交渉と説得のスキルは、個人的なキャリアはもちろん、日常生活においても重要です。基本的な交渉戦略をマスターし、説得力を高めるテクニックを身につけ、ウィンウィンの関係を築く方法を学ぶことで、あなたのコミュニケーション能力は大きく向上します。これらのスキルを効果的に活用することで、より多くの人と良好な関係を築き、望む結果を得ることができるでしょう。

第14章　異文化間コミュニケーション

異文化理解の重要性

グローバル化が進む現代社会において、異文化間コミュニケーションのスキルはますます重要になっています。異なる文化背景を持つ人々と効果的にコミュニケーションを行うためには、異文化理解が不可欠です。これは、単に「言語」や「習慣」の違いを知ること以上に、相手の「価値観」「信念」「行動様式」などを理解して尊重することを含みます。

文化的な理解を深めることで、誤解やコンフリクト（対立や衝突）のリスクを減らし、よりスムーズな相互作用を可能にします。異文化理解は、相手に対する敬意を示すとともに、自分自身の視野を広げ、新しい視点を得る機会を提供します。これによって異文化間での信頼関係の構築が促進され、共同作業の成功率が高まります。

文化差を乗り越えるためのコミュニケーション方法

異文化間でのコミュニケーションにおいて文化差を乗り越えるためには、以下の方法が有効です。

【アクティブリスニングを実践する】

言葉の意味だけでなく、非言語的なメッセージにも注意を払い、本当に伝えたいことを理解しようと努力します。アクティブリスニングでは、話者の言葉をただ聞くだけでなく、その背景にある感情や意図を感じ取ることが重要です。

これを行うには、話者の表情・身振り・声の調子などにも注目し、話の中の重要な点を逐一確認しながら理解を深めます。さらに、適切な質問を挟むことで話者に自分の理解を示し、さらなる情報を引き出す助けとなります。

このプロセスは、コミュニケーションをより豊かで意味のあるものにし、相手との関係を深めるのに役立ちます。アクティブリスニングを実践することで、相手からの信頼を得ることができ、より効果的な対話が可能になります。

【文化的な前提を避ける】

自分の文化的な規範や価値観が普遍的であるという前提を持たずに、オープンマインドを保ちます。相手の「文化的背景」に基づいた行動や意見を受け入れることが重要です。このアプローチによって、異文化間の誤解や衝突を減少させ、より平和的で建設的な対話を促進することができます。

また、異なる文化的視点を認識して尊重することで、自分自身の視野も広がり、新たな知見やアイデアに触れる機会が増えます。文化的な多様性を認めることは、グローバルな環境での協力やチームワークを成功させるためにも不可欠です。

それぞれの文化が持つ独特の価値や慣習を理解し、その中から相互理解と尊重を築くことは、多様なバックグラウンドを持つ人々がともに働く場で重要なスキルです。

【適応性を持つ】

異文化の中で柔軟に対応し、必要に応じて自分のコミュニケーションスタイルを調整します。これには、「言葉づかい」「話題の選択」「会話のペース調整」などが含まれます。このように適応することで、異なる文化背景を持つ人々との間で効果的なコミュニケーションを実現し、誤解を減らし、より良い関係を築くことができます。

適応性を示すことは、相手へのリスペクトの表現にもなり、相手が快適に感じられる環境をつくる助けとなります。例えば、相手が直接的な表現を好まない文化出身の場合、より間接的な表現を用いるほうが望ましいかもしれません。また、非言語的なコミュニケーション、例えば身振り手振りや視線の使い方も文化によって異なるため、これらを理解し、適切に調整することも重要です。

このプロセスを通じて、異文化間での理解と協力が深まり、共通の目標に向かって効果的に取り組むことができるようになります。

グローバルな環境での効果的な対話

グローバルな環境では、多様な文化的背景を持つ人々との対話が日常的に行われます。このような環境で効果的な対話を実現するためには、以下の点を意識することが重要です。

【共通言語の確保】

コミュニケーションの基盤となる共通言語を明確にし、すべての関係者が理解しやすい方法で情報を提供します。これによってチーム内のコミュニケーションがスムーズに行われ、効率的な情報のやり取りが可能になります。

共通言語を使用することで誤解を避け、プロジェクトや日常業務の進行において全員が同じ認識を持つことができます。また、共通言語の確立は、多様な背景を持つ人々が一緒に働く場合、重要であり、文化的または言語的障壁を克服するためのカギとなります。そのためには、可能であれば、チームメンバー全員が流暢《りゅうちょう》に話せるか、あるいは最も理解しやすい言語を選定することが望ましいです。

その言語を用いて、会議・文書・電子メールなどすべての公式なコミュニケーションが行われるようにすることで、より効果的な情報共有を実現できます。

【文化的な敏感性を高める】

異なる文化の慣習やタブーについて学び、それらを尊重する姿勢を持つことが重要です。文化的な違いに対する敏感性を高めることで、より円滑なコミュニケーションが可能になります。このプロセスには、異文化間での相違点を理解し、それに適応する能力が求められます。

文化的な敏感性を育てることは、国際的なビジネス環境や多文化社会での関係構築において重要です。異なる背景を持つ人々の価値観や行動基準を学び、それらを尊重することによって、信頼と相互理解を深めることができます。また、文化的な違いを認識して敏感に扱うことは、誤解やコンフリクトを防ぎ、プロジェクトやチームの成功に直結します。

これらを実践することで、異文化コミュニケーションの際にも自信を持って適切な対応ができるようになり、より効果的な交流が行えるようになります。

【インクルージョンを促進する】

異なる文化的背景を持つ個人が意見を共有しやすい、開かれた環境をつくり出します。これによって多様な視点が尊重され、イノベーションや問題解決に貢献することができます。

このような環境は、チーム内のコミュニケーションを促進し、異なるアイデアや解決策が自由に交換される場を提供します。これによって組織全体の創造力と生産性が向上し、さまざまな背景を持つメンバーから新しい洞察を引き出すことが可能になります。

インクルージョン*を促進することは、単に多様性を受け入れること以上の意味を持ち、すべての個人が組織の一員として完全に参加し、貢献を感じられる環境を確保することを意味します。これにより新しいアイデアや斬新なアプローチが認められ、全員がその恩恵を享受できる組織文化が形成されます。

この取り組みによって、チームや組織は、より包括的で効果的な意思決定が行えるようになり、長期的な成功へとつながります。

異文化間コミュニケーションのスキルは、グローバル化が進む現代において非常に価値があります。異なる文化を理解し、尊重することによって、より効果的なコミュニケーションが行えるようになり、ビジネスや個人間の関係が強化されます。本章では、異文化間でのコミュニケーションの重要性とその方法を紹介しました。これらの知識を活用することで、あらゆる文化的背景を持つ人々との間で、理解と信頼を基盤とした関係を築くことができるでしょう。

第15章　コンフリクトマネジメント

対立を解消するためのステップ

コンフリクト（対立）マネジメントは、個人や組織内の対立を効果的に解消し、生産性を維持するために重要です。対立を解消するためには、次のステップが効果的です。

【対立の認識と受け入れ】

対立が存在することを認め、それを公平に解決する意志を持つことが重要です。対立を無視するのではなく、建設的な解決策を見つけるチャンスと捉えます。

【根本原因の特定】

対立の背後にある根本原因を特定します。これには、関係者すべての視点を聞くことが含まれます。原因を理解することで、より効果的な解決策が導き出せます。

【オープンなコミュニケーション】

すべての当事者が自由に意見を表明できる環境を整えます。オープンなコミュニケーションを通じて不安・懸念・期待などを共有することが、解決への道を開きます。

【協力的な解決策の探求】

当事者全員が受け入れ可能な解決策を一緒に考えます。この過程で、コンプロマイス（譲歩）や創造的な解決策が生まれることがあります。

これらのステップを踏むことで、対立を効果的に解消し、関係を修復する基盤を築くことができます。

合意形成のためのアプローチ

合意形成は、すべての関係者が支持する解決策を見つけるプロセスです。以下のアプローチが合意形成を助けます。

【利害のバランス】

全員の利害をバランス良く取り入れた提案を目指します。これには、各当事者の最優先事項を理解し、それを尊重することが含まれます。

【ファシリテーションの技術】

会議や討議では、中立的な立場のファシリテーター（会議を円滑に進める進行役）が、プロセスを円滑に進める役割を担います。適切なファシリテーションにより、すべての意見が平等に扱われ、公正に評価される環境を整えることができます。

この役割を担うファシリテーターは、議論が円滑に進むように各参加者に発言の機会を均等に提供し、討議が目的に沿った方向で進むように誘導します。また、異なる意見や対立する視点が表面化した際には、建設的な対話が続けられるように仲介します。

ファシリテーターは会議の目的を明確にし、全参加者が集中できるように環境を整える責任も持ちます。このようにして、ファシリテーションはすべての参加者が自らの意見を自由に表現し、集団としての合意形成や問題解決を促進する支援的で生産的な会議を実現します。

【創造的な交渉手法】

単なる譲歩に頼るのではなく、新しい解決策や代替案の提案によって、創造的な合意形成を目指します。これによって、全員が何かしらの利益を得る解決策が導かれることがあります。このアプローチは、単に対立する利益を妥協するのではなく、全参加者のニーズと目標を理解し、それらを満たす新たな方法を模索します。

創造的な交渉では、参加者が互いに協力し、革新的なアイデアや未探索の選択肢を探ることが奨励されます。これによって従来の枠を超えた解決策が生まれ、より良い結果が期待できるのです。また、このプロセスは交渉の場においても相互理解と信頼の構築に寄与し、長期的な関係強化にも効果的です。

創造的な交渉手法を取り入れることで、より全面的な満足が得られる結果につながることが多く、参加者全員にとって有益な合意に達しやすくなります。

コミュニケーションを通じた信頼関係の再構築

対立後の信頼関係の再構築は、コンフリクトマネジメントの中でも特に重要な部分です。信頼を再構築するためには、次のようなコミュニケーションが効果的です。

【透明性の維持】

プロセスや意思決定において透明性を保ち、すべての行動がオープンであることを確認します。これによって、不信感や疑念を減らすことができます。

【継続的な対話】

定期的な対話を通じて、関係者間のコミュニケーションを維持します。これによって未解決の問題や新たな懸念を早期に発見し、それに対処する機会を提供します。

【感謝と認識の表明】

対立解決に向けて協力してくれた人々に対して、感謝の意を表明します。また、それぞれの貢献を認めることで、ポジティブな関係を再構築します。

効果的なコンフリクトマネジメントは、対立を機会に変え、組織や個人の成長につなげることができます。「対立を解消するための明確なステップ」「合意形成のアプローチ」「信頼関係の再構築に必要なコミュニケーション方法」を理解して実践することで、より健全な対人関係と生産的な職場環境を築くことができるでしょう。

第16章　ネットワーキングの技術

人脈を広げるための効果的なコミュニケーション

ネットワーキングは、プロフェッショナルな成長とキャリアの進展に不可欠な要素です。人脈を広げるためには、効果的なコミュニケーションがカギとなります。以下は、そのための基本的な戦略です。

【明確な自己紹介】

自己紹介は、相手に自分を知ってもらう最初のステップです。自分の名前・職業・興味がある分野など、簡潔かつ明確に伝えます。

【共通点の探索】

会話中に相手との共通点を見つけることが重要です。共通の興味や経験は、関係を深める基盤となります。

【アクティブリスニング】

相手の話に真剣に耳を傾け、関心を示すことで、信頼関係を築きます。質問を通じてさらに情報を引き出し、会話を深めることが効果的です。

アクティブリスニングでは、相手の言葉だけでなく、その背後にある感情や意図にも注意を払います。これによって、相手は自分の考えや感情が完全に理解されていると感じ、よりオープンにコミュニケーションを取ることができます。

また、相手の言葉に対するフィードバックを適切に行うことも重要で、これには相づちを打ったり、言い換えて要約したりすることが含まれます。これによって、相手は自分の話がしっかり聞かれていると実感し、会話への積極性が高まります。

アクティブリスニングを通じて、相手との間に理解と共感を築くことができ、どちらの意見も尊重される健全なコミュニケーション環境が生まれます。

初対面で印象を残す方法

初めて会う人々に良い印象を残すことは、ネットワーキングにおいて非常に重要です。印象を良くする方法には、以下のようなものがあります。

【適切な服装】

場に合った服装をすることで、プロフェッショナルな印象を与えます。外見は第一印象を大きく左右するため、慎重に選びましょう。

【ポジティブな態度】

明るく前向きな態度は、人々に好印象を与えます。笑顔を心がけ、オープンで親しみやすい姿勢を示すことが効果的です。

【エレベーターピッチの準備】

自己紹介や自分のビジネスを短時間で効果的に伝えるためのエレベーターピッチを用意しておくことは重要です。これによって、短い時間で相手に自分を印象づけることができます。

エレベーターピッチは通常30秒から1分以内で完成するよう設計します。その短い時間内に自分の職業や専門分野、あるいはビジネスの価値提案を明確に伝える必要があります。効果的なエレベーターピッチを作成するには、聞き手が興味を持ちやすい「魅力的なフック」からはじめ、「自分の専門性」や「ビジネスの独自性」を簡潔に説明し、最後に「記憶に残るクロージング」を加えることが重要です。

このピッチが成功すれば、新たなビジネス機会を開拓したり、キャリアの可能性を広げたりするための扉を開く一助となります。よく練られたエレベーターピッチは、プロフェッショナルな環境で自分自身を効果的にマーケティングするための強力なツールとなります。

事例　企業内プレゼンでのエレベーターピッチ

社内の新規事業提案会議で、ある社員が自分の企画をプレゼンしたとき、幹部に対してポイントをうまく伝えられず、議論が進みませんでした。そこで、エレベーターピッチの手法を取り入れ、短時間でインパクトのある説明を目指しました。

1．改善前のピッチ

「私たちの新規事業提案は、社内のデータを活用して営業効率を向上させるシステムです。現在、営業チームの課題として、顧客データが分散していることや、優先順位づけが難しいことがあります。このシステムを導入すれば、データを統合し、より適切なターゲティングが可能になります。市場調査によると、同様のツールを導入した企業は生産性が向上しています。ぜひ、導入を検討していただきたいと思います」

↓課題

★「何が問題なのか」「何を解決するのか」がぼやけている。
★具体的な成果や導入のメリットが不明確。
★提案後のアクションを明示していない。

2．改善後のピッチ（45秒）

「〝営業チームの生産性を20％向上させる新システム〟を提案します。現在、社内の顧客データは３つの異なるプラットフォームに分散しており、営業担当者が適切なターゲットを特定するのに時間がかかっています。このシステムを導入すれば、データを統合し、ターゲットの優先順位を自動で算出できるため、営業活動の効率を20％向上させることが可能です。すでに他社で試験導入を行い、営業成果が10％向上しました。この成果を踏まえ、全社導入を検討いただきたいと思います。次回の会議で詳細な計画を説明させていただければと思います」

↓ 改善ポイント

★最初に「営業生産性20％向上」というインパクトのあるキーワードを提示。
★問題点（データ分散）と解決策（統合＋自動分析）を明確化。
★試験導入の成功事例を提示し、説得力を増す。
★次のアクション（次回の会議での詳細説明）を明示。

幹部が関心を示し、追加の予算が承認され、新システムの導入が決定しました。

エレベーターピッチは30秒～1分で、要点を明確に伝えることが重要です。「投資家向け」「社内プレゼン」など多様な場面で活用できる具体的な成果・実績を加えることで説得力が増し、次のアクションにつながります。しっかりと準備をして練習を重ねることで、どんな場面でも価値を最大限に伝えることが可能になります。

持続的な関係を築くためのフォローアップ

ネットワーキングイベント後のフォローアップは、関係を維持し発展させるために重要です。効果的なフォローアップ方法には、以下のようなものがあります。

【タイムリーなフォローアップ】

イベント後、出会った相手に感謝のメッセージを送ります。このとき会話の内容や共有した興味を引き合いに出すと、さらに印象が深まります。

【関連情報の共有】

相手が興味を持っていた話題に関連する情報や記事を送ることで、自分への関心を持続させます。

【次のアクションの提案】

再会を提案するなど、次のステップへつなげる行動を取ります。これによって、単なる知り合いから価値ある関係へと進展させることができます。

ネットワーキングはただの人脈づくり以上のものであり、「プロフェッショナルな成長」「情報交換」「キャリアチャンスの拡大」に寄与します。本章では、「効果的なコミュニケーション」「初対面での印象づくり」「持続可能な関係構築のためのフォローアップ方法」を紹介しました。これらの技術を駆使することで、より幅広いネットワークを築き、多くの機会を引き寄せることができるでしょう。

第17章　メンタリングとコーチングのコミュニケーション

効果的なフィードバックと指導のスキル

メンタリング＊とコーチングでは、効果的なフィードバックと指導が中心的な役割を果たします。これらのスキルを磨くことで、相手の自己認識を高め、具体的な成長を支援できます。

【具体性と正確性】

フィードバックは具体的で正確でなければなりません。あいまいなコメントではなく、具体的な事例をもとにして行動や成果について言及することが重要です。

このアプローチによって、受け手は自身の行動を明確に理解して「どのように改善すればよいか」を知ることができます。例えば、単に「よくできた」と言うのではなく、「プロジェクトのプレゼンテーションでデータを効果的に使用し、クライアントの質問にも正確に答えることができた」と具体的に伝えることで、どの部分が評価されたのかが明確になります。

また、フィードバックを提供する際は、正確な情報に基づくことが非常に重要であり、事実に基づいた建設的な指摘を行うことで、フィードバックの質を保つことができます。具体的かつ正確なフィードバックは、受け手の自己改善を促すだけでなく、業務全体の質を向上させる効果も期待できます。

【建設的な批評】

フィードバックは批判的であってはならず、建設的であるべきです。

改善の余地を指摘する際も、「どのように改善できるか」の具体的な方法を提供します。これによって受け手が前向きな姿勢で改善策を受け入れやすくなります。例えば、単に「報告書に問題がある」と指摘するのではなく、「報告書のデータ分析をより詳細にすることで、クライアントへの説明が明確になる」と具体的にアドバイスをすることが効果的です。また、ポジティブなフィードバックを交えながら指摘を行うことで、批評が受け手にとって受け入れやすくなり、改善への動機づけにもつながります。

このように、批評はあくまで成長と学びを促すための手段として用いることが、建設的な関係構築と個人の発展に寄与します。

【バランスの取れたアプローチ】

「肯定的なフィードバック」と「改善が必要な点」の両方をバランス良く提供します。これによって相手のモチベーションを維持し、自己改善への意欲を高めることができます。

相手の成長を促す質問技術

メンタリングやコーチングにおける質問技術は、相手の思考を深め、自己解決能力を養うために不可欠です。以下の質問技術が効果的です。

【開かれた質問の使用】

「何」「どのように」「なぜ」といった開かれた質問を使うことで、相手に深く考えさせ、より多くの情報を引き出します。

【反射的質問】

相手の言葉を反射的に繰り返すことで、自分の言葉や考えを再考する機会を提供します。これによって、自己認識と自己評価の精度が向上します。このテクニックは、コミュニケーションの中で相手が言ったことを要約または繰り返し、その内容や感情を明確にする助けとなります。

このプロセスを通じて、相手は自身の意見や感情が正しく理解されているかを確認できるだけでなく、自分の思考に対して反省することが可能になります。また、このやり取りは、相手が自身の考えをより具体的かつ明確に表現するための機会となるため、コミュニケーションがより効果的で生産的に進むことに寄与します。

反射的質問は、特にカウンセリングや教育の場面で有効であり、相手が自己洞察を深め、思考や感情を再評価する手助けをします。

【探索的質問】

相手が問題や状況を異なる角度から見るための質問をすることによって、新たな洞察や解決策を見つける手助けとなります。探索的質問は、単に情報を得ることを超えて、相手に自己反省や創造的な思考を促すからです。

このタイプの質問は、特に複雑な問題を扱う際に有効で、相手に深い理解を求めるか、未探索のアイデアを引き出すことが期待されます。例えば、「この問題に対する他の可能性は何か？」や「この状況をどのように改善できると思いますか？」などの質問がそれに該当します。これらの質問によって、相手は通常の思考パターンを超えて考えることが促され、問題解決のための新しいアプローチやアイデアが浮かびやすくなります。

このように探索的質問を活用することで、議論はより深いレベルで進行し、創造的で実用的な解決策が生み出される可能性が高まります。

コーチングでクリエイティブとコミュニケーションを強化する

コーチングでは、相手のクリエイティブな能力とコミュニケーションスキルの両方を強化することが目標の一つです。以下の方法で、これを実現します。

【クリエイティブな思考の促進】

挑戦的なタスクや問題を提示し、標準的な解答から離れたアプローチを試みるよう促します。これによって、相手は既存の枠を超えた思考が可能となります。この手法は、個人またはチームが自らの思考プロセスを見直し、創造的な解決策を模索する機会を提供します。

例えば、新しい視点から問題を分析することを奨励し、既成概念にとらわれない発想を促進することが可能です。また、これには多様な情報や意見を取り入れ、異なる角度からアイデアを考えることも含まれます。このプロセスを通じて、相手は自身の限界を超えて考える力を育て、一見すると無関係に見える要素から革新的な解決策を導き出すことができるようになります。

このように、クリエイティブな思考を促進することで、より効果的で独創的なアウトプットが生まれ、個人や組織の成長に直結する成果をもたらします。

【コミュニケーションスキルの向上】

ロールプレイ(役割演技)やシミュレーションを通じて、実際のコミュニケーション場面を再現します。フィードバックと反復練習によって、相手は「自己表現」と「聞くスキル」を向上させることができます。このトレーニングは、さまざまな対話シナリオを体験することで、実践的に対人コミュニケーション技術を学ぶことができます。

また、シミュレーション中に遭遇する具体的な課題に対応することで、「緊急時の反応力」や「説得力のある話し方」を身につける機会となります。フィードバックセッションでは、強みと改善点が明確に指摘され、個別にカスタマイズされたアドバイスを受けることができます。これによって自己のコミュニケーションスタイルをより理解し、効果的なコミュニケーションのための具体的な戦略を学ぶことができます。

継続的な練習とフィードバックによって、実際の業務や日常生活でのコミュニケーションが向上し、全体的な人間関係の質の向上も期待できます。

【継続的なサポートと評価】

定期的なセッションを通じて相手の進捗を評価し、必要に応じてコーチングのアプローチを調整します。この過程で、相手は自身の成長を実感し、新たなスキルを積極的に活用するようになります。

これらのセッションでは個々の成果を細かく検討し、進行中のプロジェクトや取り組みに対する具体的なフィードバックを提供します。さらに、相手の目標達成を阻《はば》む障害や課題に対して、効果的な戦略や解決策を一緒に考えることで、持続的な成長を支援します。

また、コーチングのプロセスを通じて、相手の自己認識を高め、個人のポテンシャルを最大限に引き出すためのサポートを継続的に行います。これにより、相手は自己のスキルや能力に自信を持ち、新たな挑戦にも積極的に取り組む姿勢が育まれます。

定期的な評価と調整によってコーチングの効果を最大化し、相手の個人的および職業的な発展を促進することが可能となります。


メンタリングとコーチングは、個人のポテンシャルを最大限に引き出し、プロフェッショナルなスキルを磨くための強力なツールです。本章では、「効果的なフィードバック」「質問技術」「クリエイティブとコミュニケーションスキルの強化方法」に焦点を当てました。これらのコミュニケーション技術をマスターすることで、メンター（指導や助言を行う支援者）として、またコーチとして成功を収めることができるでしょう。

初級編

職場で役立つ発想力や伝達力

第18章　リーダーシップとコミュニケーション

リーダーとしてのコミュニケーションの役割

リーダーシップにおいて、コミュニケーションは中核的な役割を担います。リーダーはチームや組織内で情報を流通させ、目標を明確にし、メンバー間の信頼を築くための主要な手段として「コミュニケーション」を駆使します。効果的なリーダーシップコミュニケーションには、以下の要素が必要です。

【透明性】

リーダーは透明性を持ってコミュニケーションを行うことで、信頼と信用を築きます。「決定の理由」「計画の変更」「組織の状況」など、重要な情報をオープンに共有することが求められます。

【一貫性】

メッセージの一貫性を保つことで、チームはリーダーの言動に信頼を置くようになります。これには、言葉と行動が一致していることが不可欠です。

【双方向の対話】

リーダーは単に情報を伝えるだけでなく、チームメンバーからのフィードバックを受け入れ、積極的に対話を促進します。これによって、関与とエンゲージメントが高まります。

ビジョンを共有するためのスキル

ビジョンを効果的に共有することは、リーダーとして成功を収めるために不可欠です。ビジョン共有に必要なスキルには、次のようなものがあります。

【物語性の強化】

ビジョンをストーリーとして語ることで感情的に訴えかけ、より深く理解してもらえます。ストーリーテリングを通じて、ビジョンの重要性とそれが個々のメンバーや組織全体にもたらす利益を明らかにします。

この方法は、相手の注意を引きつけ、メッセージに感情的な重みを加えるのに効果的です。ビジョンを具体的な物語の形で表現することによって、抽象的な概念を具体的で親しみやすいものに変えることができます。

さらに、ストーリーテリングはビジョンが現実のものとして感じられるようにし、メンバーがそのビジョンに共感し、「自分ごと」として受け止める手助けをします。物語を通して、ビジョンがもたらす変化や、それが「個人に具体的にどのような影響を与えるか」を描写することで、ビジョンに対する理解と関心を深め、実現に向けたモチベーションを高めることができます。

このプロセスは、ビジョンを単なる目標から、チームや組織の文化の一部として定着させるのに寄与します。

事例 スポーツイベントのビジョンを伝える

名古屋ウィメンズマラソンの立ち上げのとき、世界最大の女性限定マラソンとしての意義を広める必要がありました。しかし、単に「女性限定のマラソンです」と説明するだけでは、ターゲットとなるランナーやスポンサー、自治体関係者に十分なインパクトを与えることができませんでした。

アプローチ（ストーリーテリングの活用）

単なるスポーツイベントではなく、「女性のための特別な挑戦の場」であることを伝えるため、次のようなストーリーを構築しました。

「世界のどのマラソン大会よりも、女性が主役となれる舞台をつくりたい。女性が安心して参加でき、自分自身の力を試せる大会があればどうでしょうか？ 名古屋ウィメンズマラソンは、女性の挑戦を応援し、新たな可能性を広げる場です。自分自身を超えるために、この舞台で走ってみませんか？」

このストーリーは多くの女性ランナーの心を動かし、参加希望者が急増しました。また、スポンサー企業も「女性のエンパワーメントを支援する」という意義を理解し、大会への協賛を決定したのです。大会は世界最大規模の女性限定マラソンとして、ギネス記録を達成するまでになりました。

【ビジュアルの使用】

ビジュアルエイド＊（スライド・グラフィック・動画など）を使用してビジョンを視覚的に示すことで、具体性と理解が向上します。ビジュアルエイドを活用することによって、抽象的なアイデアや複雑な情報を直感的かつ魅力的に伝えることが可能になります。

視覚的な要素は、言葉だけでは伝わりにくい内容を補完し、相手により深い印象を与える効果があります。例えば、グラフやチャートは「データや統計を明瞭に示す」のに役立ち、動画や画像は「具体的な事例やシナリオを視覚的に表現する」のに適しています。

これらのツールを適切に組み合わせることで、プレゼンテーションの流れをスムーズにし、受け手がビジョンの全体像をすばやく把握しやすくなります。また、視覚的なサポートは、言語に依存しない普遍的な理解を促進するため、多言語の受け手がいる環境では特に有効です。
このようにビジュアルを活用することで、メッセージの伝達が強化され、より多くの人に対して影響力を持たせることができます。

【インスピレーションを与える】

言葉を使ってインスピレーションを与え、相手を動かすことで、ビジョンに対する熱意とコミットメントを引き出します。このアプローチは相手の心に訴えかけ、ビジョンに情熱を感じるよう促すことが目的です。

効果的なスピーチやプレゼンテーションでは、単に情報を伝えるだけでなく、受け手の感情に訴え、行動を起こしたくなるような動機づけを行います。「言葉の選び方」「話し方」「メッセージの配信方法」などが、「メッセージを受け入れて、それに基づき行動するかどうか」を大きく左右します。ストーリーテリングを活用し、ビジョンが具体的な影響をもたらす事例を共有することで、ビジョンの重要性を実感しやすくなります。

このようにして受け手に深い印象を与えることで、心に火をつけ、ビジョンへの共感を促し、それを実現するための行動へとつなげることが可能となります。

チームのモチベーションを高める方法

リーダーとしてチームのモチベーションを高めるには、以下の方法が効果的です。

【個々の貢献の認識】

チームメンバーの成果と貢献を認め、適切に評価することで、メンバーの自信とモチベーションを高めます。「公の場での表彰」や「個人的な感謝のメッセージ」などが有効です。

このようにしてチーム内で個々の努力が明確に認識されることは、メンバーの士気を大いに向上させ、継続的な成果の達成につながります。表彰を通じて他のメンバーにも優れた働きが正当に評価されることを示すことができ、これがチーム全体の努力と協力を促進します。また、個人的な感謝のメッセージを伝えることは、より直接的に個人の貢献を認める方法であり、メンバーが抱く満足感や所属意識を深めるのに効果的です。

これらの認識と評価のアプローチは、チーム内のポジティブな関係を構築し、全員が目標に向かって協力しやすくなる環境をつくり出すために非常に重要です。

【目標設定】

明確で達成可能な目標を設定することで、チームメンバーに方向性と達成感を提供します。目標は「具体的」で「測定可能」でなければなりません。この目標設定プロセスは、チームが取り組むべき具体的な行動を明確にし、各メンバーが何に焦点を当てるべきかを理解するための基盤を築きます。

目標を設定する際には、それが「実現可能であること」を保証し、「過度に野心的でないこと」が重要ですが、同時に「メンバーを適切に挑戦させるレベル」である必要があります。また、「達成に向けた進捗を定期的に評価」して、「必要に応じて目標を調整する柔軟性」も持つべきです。これによってチームは常に動機づけられ、達成に向けて努力し続けることができます。

目標が具体的かつ測定可能であると、その達成を容易に追跡でき、チームメンバーが「自分たちの努力が、結果にどのようにつながっているか」を見ることができます。これは、チーム全体の士気と生産性の向上に貢献します。

【エンパワーメント】

チームメンバーに適切な権限と責任を与えることで、能力を信じていることを示し、自主性と創造性を促進します。このプロセスによって、個々のメンバーはより積極的に課題に取り組み、自己のスキルと能力をフルに活用する機会を持てます。

エンパワーメント＊は、信頼と尊重の文化を育むことで、チームの全体的なモチベーションと生産性を高める効果があります。メンバーが自らの判断と能力で問題を解決し、イノベーションを推進できる環境を整えることは、組織の柔軟性と適応能力の向上にも寄与します。

さらに、権限を与えられたメンバーは、その責任を理解し、与えられたタスクに対してより強い責任感を持って取り組むようになります。これによってチーム全体の目標達成に向けたコミットメントが強化され、より効果的な成果を生み出すことが可能になります。

リーダーシップにおけるコミュニケーションは、「組織のビジョン共有」「チームのモチベーション維持」「組織全体の目標達成」に向けて必要不可欠です。本章では、リーダーとして効果的なコミュニケーションを行うためのスキルと戦略に焦点を当てました。これらのスキルを習得して実践することで、リーダーとしての影響力を最大化し、組織を成功に導くことができます。

第19章　職場でのクリエイティブコミュニケーション

新しいアイデアを効果的に伝える方法

クリエイティブなアイデアは、職場の革新と進歩を推進します。これらのアイデアを効果的に伝えることは、アイデアが実現されるかどうかを左右します。以下の方法が効果的です。

【明確かつ具体的に伝える】

アイデアを伝える際は、抽象的な説明を避け、具体的な詳細説明と実現可能なステップを提供します。これによって、アイデアの実用性と影響を理解しやすくなります。

【ビジュアルエイドの利用】

複雑なアイデアやデータを視覚的に表現することで理解を助け、視覚的なインパクトを与えます。

グラフ・チャート・プロトタイプ（試作品）などが有効です。

【情熱を持って伝える】

アイデアに対する自分の情熱を表現することで思いが伝わり、メンバーの支持を得やすくなります。情熱は、アイデアへの信頼性と緊急性を高める効果があります。

クリエイティブな議論を促進する技術

職場でクリエイティブな議論を促進するには、開かれたコミュニケーションと安心できる環境の提供が必要です。以下の技術が役立ちます。

【質問を活用する】

議論を活性化するために、開かれた質問を用いて参加者の意見を引き出します。これによって多様な視点が表現され、創造的な解決策が生まれる可能性が高まります。

【異論を受け入れる】

新しいアイデアや提案に対しては、異論も存在します。異論を公平に扱い、それを議論の一部とすることで、より練り込まれたアイデアにつながります。

【全員の参加を促す】

議論においては、全員からの意見を聞くよう努めます。特に物静かなタイプのメンバーや新しいメンバーの意見も積極的に求めることが重要です。

チーム全体でのブレインストーミングの進め方

ブレインストーミングは、チーム全体でクリエイティブなアイデアを出し合う有効な手法です。効果的なブレインストーミングセッションを実施するためには、以下のポイントを考慮してください。

【ルールの設定】

ブレインストーミングの前には、「批判の禁止」や「どんなアイデアも歓迎する」などのルールを設定します。これによって、自由な発想が促されます。

これらのルールは「参加者全員が安心して意見を出せる環境」をつくり出し、創造的な思考を最大限に引き出すことができます。批判を禁止することで、参加者は他人の意見を否定することなく、さまざまな可能性を探ることが可能となり、思いがけないアイデアや解決策が浮かびやすくなります。また、「どんなアイデアも歓迎する」というルールは、通常では考えられないようなユニークな提案も受け入れることを保証し、参加者が自らの制限を超えて考えることを奨励します。

このように、ブレインストーミングでは自由な発想と創造的なエネルギーが活性化されることで、より多くの革新的なアイデアが生まれる可能性が広がります。

【時間を制限する】

セッションに時間制限を設けることで、参加者の集中力を高め、生産性を向上させます。通常、短いセッションのほうが効果的です。時間制限を設けることによって、参加者は与えられた時間内で最も重要な情報やアイデアに焦点を当てることを強《し》いられ、余計な雑談や脱線を減らすことができます。

このアプローチは、特に意思決定が必要なミーティングや創造的なブレインストーミングセッションにおいて、時間の無駄を避け、効率的に目標に向かって進むために有効です。さらに、短時間で集中的に議論を行うことは、参加者のエネルギーを保持しやすくするため、議論の質も向上します。具体的には、30分から1時間のセッションを設け、その間に具体的な成果を出すように促すことが推奨されます。

このように時間を厳密に管理することで、会議やワークショップがより目的に沿ったものとなり、全体の生産性が大幅に向上する効果が期待できます。

【アイデアの可視化】

ホワイトボードや付箋《ふせん》を使用してアイデアを可視化します。視覚化されたアイデアは、さらなるアイデアを引き出す刺激となり、全員が参加してのアイデア出しに貢献しやすくなります。この手法によって、議論されている概念が明確になり、参加者全員が理解しやすい形で情報が共有されます。

視覚的なツールを使うことで、抽象的なアイデアも具体的な形で表現され、チーム内での共有が容易になります。また、ホワイトボードにアイデアを書き出すことで、それを見るたびに新しい視点や追加のアイデアが生まれることが多く、クリエイティブなプロセスが促進されます。さらに、付箋を使って異なるアイデアをカテゴライズしたり、優先順位をつけたりすることもでき、これによって議論の方向性がより明確になります。

このようにして、視覚化はチームメンバー間でのコミュニケーションを強化し、より効果的なアイデア共有と協働を促す重要な役割を果たします。

職場でのクリエイティブコミュニケーションは、革新と効率の向上に不可欠です。本章では、「新しいアイデアを効果的に伝える方法」「クリエイティブな議論を促進する技術」「チーム全体でのブレインストーミングの進め方」を紹介しました。これらのコミュニケーション技術をマスターすることで、職場のクリエイティビティと協働を促進し、組織全体の目標達成に寄与することができるでしょう。

第20章 クリエイティブとコミュニケーションの相乗効果

二つのスキルがどのように連携するか

クリエイティブな思考と効果的なコミュニケーションは、ともに現代のビジネス環境において重要なスキルです。これら二つのスキルが連携すると、アイデアを生成し、それを効果的に共有して実行に移すことが可能になります。

クリエイティブなスキルが「新しいアイデアや革新的な解決策を生み出す源泉」であるのに対し、コミュニケーションスキルは「それらのアイデアを周囲と共有し、理解を促し、行動を引き出すためのカギ」となります。

【アイデアの見える化】

クリエイティブなアイデアはしばしば抽象的ですが、効果的なコミュニケーションを通じて具体的な形で表現されることで、他者に理解されやすくなります。視覚的なツールを使用してアイデアを図・グラフ・模型などの形にすることによって、それが視覚的に捉えやすくなり、アイデアの本質や利点が明確に伝わります。

このプロセスは、特に複雑な概念や革新的な提案を説明する際に有効で、参加者がアイデアのポテンシャルや実現可能性をすぐに把握できるようになります。また、アイデアを可視化することで、さまざまな背景を持つ人々が共通の理解を築く手助けとなり、多様な視点からのフィードバックや改善提案を受け入れやすくなります。

このようにアイデアを具体的に示すことは、チーム内のコラボレーションを促進し、プロジェクトの進行においてクリエイティブな解決策を迅速に進化させる助けとなるため、イノベーションを加速させる重要な手段です。

【フィードバックの活用】

コミュニケーションスキルを用いて得られるフィードバックは、クリエイティブなプロセスをさらに磨き上げるのに役立ちます。これによってアイデアが改善され、より実用的で受け入れられやすい形に進化します。

効果的なフィードバックは「アイデアの強化」「問題点の特定」「解決策の提案」に至るまで、プロジェクトの質を向上させるための重要な手段となります。フィードバックを受け入れることで、クリエイターは自身の視野を広げ、異なる角度からアイデアを見直す機会を得ることができます。また、他者からの意見を積極的に取り入れることで、アイデアが多様なニーズに応じて調整され、実際の使用状況やマーケットの要求に合致するように洗練されていきます。

この相互作用は、最終的な成果物がより効果的でユーザーフレンドリーであることを保証し、創造的な成果の成功率を高める上で不可欠です。

成功事例から学ぶ相乗効果

多くの成功事例が、クリエイティブとコミュニケーションの相乗効果の力を示しています。例えば、広告業界では「創造的なアイデア」と「それを伝える巧妙なストーリーテリング」が結びついて大きな影響力を発揮しています。また、テクノロジー企業では「技術的な革新を効果的に市場に伝えること」が製品の成功に直結しています。

【Ａｐｐｌｅ（アップル）のマーケティング】

Ａｐｐｌｅは製品のデザインと機能性で革新を遂げると同時に、その製品を消費者に魅力的に伝えるためのコミュニケーション戦略でも知られています。彼らの成功は、クリエイティブとコミュニケーションが完璧に融合している結果です。

Ａｐｐｌｅのマーケティング戦略は、シンプルでユーザー中心のアプローチを採用しており、製品の直感的な使用感と革新的な特徴を強調しています。これによって技術的な詳細を理解しない消費者でも、その利点を容易に理解できるようになっています。さらに、彼らは製品発表会や広告キャンペーンを通じて、感情に訴えるストーリーテリングを巧みに使用し、顧客の心に深く響くメッセージを伝えています。

これらの戦略はＡｐｐｌｅのブランド価値を高め、消費者に製品への強い熱望を抱かせる要因となっています。その結果、Ａｐｐｌｅ製品はただの技術製品ではなく、ライフスタイルの象徴として消費者に受け入れられています。

【ＴＥＤ Ｔａｌｋｓ（テッド・トーク）】

ＴＥＤ Ｔａｌｋｓは、複雑で革新的なアイデアを広い聴衆にわかりやすく伝えるプレゼンテーションやスピーチを公開したものです。専門家が短い形式の講演などで革新的なアイデアやインスピレーションを提供し、広くウェブ上で公開されています。スピーカーはクリエイティブな内容を効果的に伝える技術を駆使して、聴衆にインスピレーションを提供しています。

これらのプレゼンテーションは、科学・テクノロジー・デザイン・教育・文化などさまざまな分野にわたり、新しい考え方や解決策を提案しています。スピーカーたちは自分の専門知識と情熱を共有することで、世界中の聴衆に影響を与え、行動を促します。ＴＥＤ Ｔａｌｋｓは、アイデアの価値を最大限に伝えるために、物語性や視覚的要素も巧みに組み合わせており、そのアプローチによって複雑なテーマも聴衆にとって理解しやすくなっているのです。

このプラットフォームは世界中の人々がアクセスでき、知識を共有し、教育を受ける機会を広げる重要な役割を果たしています。

事例　クリエイティブとコミュニケーションの相乗効果による成功例

スポーツイベントにおける相乗効果

名古屋ウィメンズマラソンは、世界最大の女性限定マラソン大会として誕生しました。しかし、大規模なスポーツイベントを成功させるには、レース運営だけでなく、参加者のエンゲージメントを高め、スポンサーを引きつけるためのブランディングやストーリーテリングが必要でした。

アプローチ

「女性が安心して走れる世界最大の舞台」というコンセプトを確立し、クリエイティブな要素と戦略的なコミュニケーションを組み合わせることで大会のブランド価値を向上させました。

1．感情に訴えるストーリー展開

名古屋ウィメンズマラソンは単なるスポーツ競技大会ではなく、「女性が夢を持ち、自分自身に挑戦

する場」としてのメッセージを打ち出しました。

★参加者のリアルなストーリー（「子育て後に初めて挑戦するマラソン」「病気を克服しての出場」「世代を超えた母娘ランナー」など）を大会の公式プロモーションで紹介しました。

★公式SNSや特設サイトでは、ランナー同士の交流や大会への想いをシェアするプラットフォームを提供しました。

2．ブランド価値を高めるクリエイティブな施策

★完走者全員にラグジュアリーブランドによる完走賞を授与しました。参加者は「完走することが特別な体験である」と実感し、女性ランナーの関心を大きく引きつける要因となりました。

★コースのデザインには名古屋の象徴的な景観（名古屋城・栄エリアなど）を組み込み、都市全体をイベントの舞台とするブランディングを展開しました。

3．スポンサーとメディア戦略

★「女性のためのスポーツイベント」というコンセプトを軸に、スポーツブランドや美容・健康関連企業とタイアップし、参加者向けの特典やプロモーションを実施しました。

★女性誌やテレビ番組と連携し、「名古屋ウィメンズマラソンに挑戦する女性」の特集を組み、参加者のストーリーを世間に広めることで、一般ランナーの参加意欲を向上させました。

結果

★初回大会から大きな話題を呼び、世界最大の女性限定マラソンとして定着しました。

★参加者が年々増加し、大会は確固たるブランドとして確立しました。
★スポンサー企業も「女性の活躍を応援する企業」としてのブランド価値を向上させ、イベントの成功と企業のマーケティング戦略が相乗効果を生み出しました。

このように、クリエイティブなアイデア（世界中の女性を巻き込むイベントデザイン、ラグジュアリーブランドの完走賞）と、効果的なストーリーテリング（参加者のリアルな体験を発信）を組み合わせたことで、名古屋ウィメンズマラソンは単なるスポーツイベントを超えた「特別な体験の場」として成功を収めることができました。

相乗効果を活かすための実践的アプローチ

クリエイティブとコミュニケーションの相乗効果を最大限に活かすには、以下の実践的なアプローチが有効です。

【共同作業の促進】

チーム内で異なるスキルセットを持つメンバーとの共同作業を促進します。「クリエイティブな専門家」と「コミュニケーションの専門家」が協力することで、アイデアの生成と伝達が同時に向上します。

【継続的な学習と適応】

常に新しいコミュニケーション技術とクリエイティブ手法を学び、適応することが重要です。これによって、変化する市場や技術の進歩に対応し続けることができます。

【フィードバックループの確立】

アイデアを実際に適用し、その反応を見ることで、どのアプローチが最も効果的かを学びます。フィードバックは、今後のクリエイティブな発想とコミュニケーション戦略の両方を改善するのに役立ちます。

クリエイティブとコミュニケーションの相乗効果は、個人・チーム・組織にとって大きな価値をもたらします。本章では、この相乗効果を理解し、実践的な方法で活用するためのアプローチに焦点を当てました。これらのスキルを組み合わせることで、より革新的で影響力のある結果を生み出すことが可能となります。

第21章　コミュニケーションの障害を乗り越える

誤解や摩擦を解消するための方法

職場や日常生活でのコミュニケーションは、しばしば誤解や摩擦を引き起こす可能性があります。これらの課題を効果的に解消するためには、次のアプローチが役立ちます。

【直接対話を優先する】

電子メールやテキストメッセージではなく、可能な限り直接会って話をすることが最適です。対面でのコミュニケーションは、非言語的な手がかりを通じて意図をより正確に伝えることができます。直接対話によって、相手の感情や反応をリアルタイムで読み取ることが可能となり、より深い理解と共感を促進します。

また、対面でのやり取りは、信頼関係の構築にも効果的で、言葉だけでなく表情や身振りからも多くの情報を得ることができます。誤解が生じにくく、より明確で誠実なコミュニケーションが可能になります。特に重要な議論や複雑な問題の解決には、直接対話を通じて細かいニュアンスを共有し、双方の立場を正確に理解することが重要です。

このアプローチは関係性の深化とともに、より効果的な意思疎通を実現するのに役立ちます。

【アクティブリスニングを実践する】

相手の話を注意深く聞き、理解しようと努力することが重要です。これには、相手の言葉を要約してフィードバックすることが含まれます。

アクティブリスニングでは、ただ聞くだけでなく、相手が本当に伝えたい内容を捉え、適切な反応を示すことが求められます。これによってコミュニケーションがより深まり、相手との関係が強化されます。また、相手の言葉を反映して確認することで、誤解を避け、より正確な理解が促進されます。

アクティブリスニングのプロセスでは、質問を投げかけることで、さらなる情報を引き出すことも

重要です。この方法によって会話がより対話的になり、相手の意見や感情に対して真摯《しんし》に向き合うことができます。

この技術を駆使することで、相手から信頼される存在となり、効果的なコミュニケーションを築くことが可能です。

【感情を管理する】

コミュニケーション中に感情が高ぶることがありますが、冷静を保ち、客観的な態度で対応することが解決への道を開きます。感情的になりすぎると、しばしば問題の本質を見失い、効果的な解決策を見つけることが困難になります。

冷静さを保つには「深呼吸をする」「一時的に会話から離れる」などが有用です。また、感情的な反応を抑えるためには、自己認識を高めるなどのテクニックが役立ちます。感情を管理することは、対話中に相手の立場や感情を理解し、共感を示すことも容易にします。これによって双方が互いの意見を尊重し合い、建設的な議論が可能になるため、より実り多い解決策に結びつきます。

感情をコントロールすることは、プロフェッショナルな環境だけでなく、個人的な関係においても対立を避け、より調和のとれた関係を築くために重要です。

ストレス下でのコミュニケーションの重要性

ストレスの多い状況では、コミュニケーションの質が低下しがちですが、このようなときこそ効果的なコミュニケーションが最も必要とされます。ストレス下でのコミュニケーションを改善する方法は、以下の通りです。

【クリアなコミュニケーションを心がける】

ストレスが高まると、人はしばしば情報の過小評価や誤解を引き起こしやすくなります。簡潔で明確なコミュニケーションを心がけ、誤解の余地を減らします。

ストレスの影響でコミュニケーションが曖昧になったり、不必要に複雑になったりすることを避けるため、言葉を選び、メッセージをシンプルに保つことが重要です。これによって相手に対するメッセージの意図が正確に伝わり、効果的な理解が促進されます。また、コミュニケーションを明確にすることは、話者と聞き手の間の信頼関係を強化し、より健全で生産的な交流を可能にします。

言いたいことを明確に伝え、重要なポイントを強調し、詳細にわたって説明することで、誤解を最小限に抑えることができます。これはチームワークを促進し、プロジェクトや日常業務における効率を向上させるのにも役立ちます。

【リラックス技術を用いる】

深呼吸や瞑想などのリラックス技術を用いて感情をコントロールし、冷静さを保ちます。これらの技術はストレスの緩和に効果的で、感情的な反応を抑えることができます。

瞑想やヨガ、プログレッシブ・マッスル・リラクゼーション（筋肉を順に緩める技術）などを定期的に行うことで、日常生活における感情の波を穏やかにし、より冷静に対応できるようになります。これらのリラックス技術を習慣化することで、緊張した状況下でもパニックに陥ることなく、冷静かつ効率的に問題解決を行うことが可能になります。

また、これらの技術はメンタルヘルスの維持にも貢献し、生活全体の質を向上させる効果があります。実践を重ねることで自己認識が深まり、日常のストレスに強くなるための一助となります。

【サポートを求める】

ストレスが極端に高い場合、同僚や上司からの支援を求めることが有効です。協力を得ることでプレッシャーが分散され、コミュニケーションが改善される可能性があります。

仕事の負担が重すぎると感じた際には、チームメンバーや管理者に助けを求めることが、問題を軽減するための第一歩です。他の人と責任を共有することによって、個々のストレスレベルを下げることができ、より生産的な環境をつくり出すことが可能になります。

また、困難を共有することでチームの結束が強まり、互いを支え合う文化の醸成にも役立ちます。相談をすることで、新たな視点や解決策を得ることができるため、問題をより効果的に解決できる可能性が高まります。

このようにサポートを積極的に求めることは、ストレスの管理だけでなく、職場での健全な関係を築くためにも重要です。

透明性を高めるための戦略

コミュニケーションの透明性を高めることは、信頼と効率の向上に直接的に寄与します。以下の戦略を実践することで、透明性を強化できます。

【情報のオープンアクセスを提供する】

関係者全員が必要な情報にアクセスできる環境をつくることで、隠されたアジェンダ（検討課題）や誤解を減らすことができます。このアプローチによってプロジェクトやチーム内での透明性が高まり、全員が同じ基準で意思決定を行うことが可能になります。

情報が公開されていると、関係者はより信頼できるデータに準じて意見を形成し、それに基づいて行動を起こすことができます。また、情報アクセスの平等性は、チームメンバー間の不平等感を解消し、より公平な環境を促進します。情報をオープンにすることで、関係者は必要なデータを利用してより効果的な問題解決が可能となり、意思疎通の障壁を減少させることができます。

このプラクティス（取り組み）は、特に多様なスキルセットや背景を持つチームにおいて、全員が等しく貢献できるようにするために重要です。また、オープンな情報共有は、チームの一体感を強化し、組織全体の生産性を向上させる効果もあります。

【定期的なアップデートを行う】

定期的なミーティングや報告を通じて、最新の情報を共有します。これによって全員が常に最新の状況を把握し、適切な意思決定が可能となります。

このプロセスはプロジェクトの進行における透明性を保ち、チームメンバー間での誤解や情報の遅延を最小限に抑える助けとなります。さらに、定期的なアップデートによって、プロジェクトの目標や期限に対する認識が絶えず更新され、必要に応じて戦略を調整することが容易になります。

この習慣はチーム内のコミュニケーションを強化し、個々のメンバーが責任を持ってタスクに取り組むよう促します。定期的に情報を共有することで、チームは一致団結して目標に向かって効率的に作業を進めることができ、組織全体の生産性と士気の向上に寄与します。

このようなアプローチは、特に変化が激しい業務環境やプロジェクトにおいて、適応性と反応性を高めるために重要です。

【フィードバックループの導入】

定期的にフィードバックを求め、それをコミュニケーションプロセスに反映させることで、透明性が持続的に保たれます。この方法は、プロジェクトやチームの動きを常に最適化するのに役立ち、全員が関与して改善に寄与する文化を育成します。

フィードバックは、プロセスの改善点や成功した要因を明確にすることで、より効果的な戦略を立てるための重要な情報源となります。また、フィードバックを活用することで、チームメンバーは自らの意見が価値を持ち、組織全体の進歩に貢献していると感じることができます。

このループを通じて収集される意見や提案は、直接的な改善活動につながり、全体のコミュニケーションの質を向上させる効果があります。さらに、定期的なフィードバックの実施は、チーム間の信頼を深め、オープンなコミュニケーションを促進します。

このような環境では、問題が早期に発見されて迅速に対応することが可能となり、組織全体としての反応性と適応性が高まります。

> コミュニケーションの障害は避けられないものですが、これを乗り越えるための効果的な方法を身につけることで、より健全で生産的な職場環境を築くことが可能です。本章では、「誤解や摩擦の解消」「ストレス下でのコミュニケーション」「透明性の向上」といった重要なトピックに焦点を当てました。これらの戦略を実践することで、どのような状況でも効果的にコミュニケーションを行い、組織全体の成功に貢献することができます。

第22章　感情知能とコミュニケーション

感情を理解し、適切に表現するスキル

感情知能＊（EQ）は、自己の感情を理解し、他人の感情に対して共感的に反応する能力を含みます。これは、効果的なコミュニケーションに不可欠なスキルです。感情を適切に理解して表現するためには、以下の方法が有効です。

【自己認識の向上】

自分の感情を正確に把握し、それが「どのような原因で生じ、どのように行動に影響を与えるか」を理解することが重要です。これには「日記をつける」「反省を行う」などの方法があります。

【自己調節】

自分の感情をコントロールし、状況に応じて適切に反応する能力を養います。深呼吸や瞑想を行うことで感情の波を穏やかにし、冷静な判断が可能になります。

【表現技術の向上】

感情を他者に伝える際は攻撃的でなく、自分の感じたことを「私は」という形で表現することが効果的です。これによって、相手に非難される感覚を与えずに自分の感情を伝えることができます。

このアプローチは、対話中に感情のエスカレーションを防ぎながら、自分の感情やニーズを正直かつ明確に伝えるための方法です。「私は」という言葉を使うことで、発言が個人の意見や感情を反映していることが明確になり、相手がその情報をより受け入れやすくなります。

さらに、自己表現を「私は」という形で行うことは、対話をより建設的なものにし、不要な対立を避ける助けとなります。このようなコミュニケーション技術を習得することで、感情をコントロールしやすくなり、より効果的に対人関係を管理できるようになります。

この技術を用いることで、自分の感情を誤解されることなく、相手との健全な理解と尊重が促進され、コミュニケーション全体の質が向上します。

感情がコミュニケーションに与える影響

感情はコミュニケーションの内容と方法の両方に大きく影響を及ぼします。感情が高ぶると、しばしばコミュニケーションは非効率的かつ破壊的になることがあります。逆に、感情を適切に管理できると、次のようなプラスの影響があります。

【関係の強化】

共感や感謝の心情を適切に表現することで、信頼関係を深め、より強固な人間関係を築くことができます。

【対立の解消】

怒りや不安などのネガティブな感情をコントロールし、積極的に解決策を探ることで、対立を建設的に解決することが可能になります。

【モチベーションの向上】

正しく感情を伝えることでチームの士気を高め、集団としての目標達成に向けた動機づけを促進します。感情を適切に表現することは、チームメンバー間の理解を深め、信頼関係を強化するために不可欠です。また、チームリーダーが自己の感情をオープンに共有することで、透明性が増し、メンバーはリーダーに対する信頼と尊敬の感情を深めます。

このような環境は、チーム内でのオープンなコミュニケーションを促し、問題解決や創造的な議論が活発に行われる土壌をつくります。さらに、感情を適切に管理して表現することで、個々のメンバーが感じるストレスが軽減され、よりポジティブな組織環境が形成されます。

これによって全員が自己の役割においてより積極的に貢献し、組織全体の目標に対するコミットメントが強まることが期待されます。正しい感情の伝達は、個々のモチベーションの向上だけでなく、チーム全体のエネルギーと生産性を向上させるカギとなります。

感情知能を高めるためのトレーニング

感情知能は、適切なトレーニングと実践によって向上させることができます。以下の方法を通じて、感情知能を高めることができます。

【感情日記をつける】

日々の感情の変動を記録し、それがどのような状況で引き起こされたかを分析します。これによって感情のパターンを認識し、管理するための戦略を立てやすくなります。

感情日記をつけることで「特定の出来事や人物が、自分の気持ちにどのように影響を与えているか」を明確にすることができます。この自己観察は、自分の反応や感情のトリガー（引き金）を理解する上で有効です。

感情日記に詳細に記述することで、自己認識が深まり、感情に対処する具体的な方法を見つけ出す手助けにもなります。また、感情の変化を追跡することで「自身がどのような状況下でポジティブまたはネガティブな感情を感じやすいのか」が明らかになり、それに適した対策を講じることが可能になります。

長期的には、これらの記録が自分自身の感情的な健康を向上させ、ストレスや不安を効果的に管理するための重要なツールとなり得ます。

【ロールプレイ】

実際の状況を模擬してロールプレイを行うことで、さまざまな感情的シナリオに対する反応を練習します。これによって、実際の場面での感情の管理能力が向上します。

ロールプレイを通じてコミュニケーション技術や衝突解決の方法を学ぶことができ、不慣れな対人関係の状況においても適切に行動する方法を身につけます。さらに、ロールプレイは参加者に安全な環境を提供するため、新しい技術を試すリスクを最小限に抑えながら、自己の反応や行動を評価する機会を持つことができます。

この種の練習は、感情的な自己制御を高めるだけでなく、他者との関係を築くための社会的スキルも強化します。実際の対話や困難な状況に直面した際、ロールプレイで学んだテクニックを応用することで、冷静かつ効果的に対処する能力が自然と高まり、対人関係のスキルが向上することが期待されます。

【フィードバックの活用】

信頼できる人からのフィードバックを通じて、自分の感情的な反応が他者にどのように影響を与えているかを理解し、必要に応じて改善につなげていきます。このプロセスを通じて自己認識を深め、コミュニケーションスタイルや対人関係のダイナミクスを改善する機会を得ることができます。

フィードバックは具体的な例を用いて提供されることが多く、具体的な状況下での自分の行動や反応がどのような影響を及ぼしているかを明確に理解する助けとなります。このようにフィードバックを受け入れて反省することで、より効果的に感情を管理し、他者との関係をより健全なものにするための行動変化を図ることが可能です。また、信頼できる人からの意見は、自分では気づきにくい点を指摘してくれるため、自己改善プロセスにおいて価値があります。

これによって、より良い人間関係を築くための自己成長が促進され、感情的な成熟が進むことが期待されます。

感情知能は、効果的なコミュニケーションの基盤となる重要な要素です。本章では、「感情を理解して適切に表現する方法」「感情がコミュニケーションに及ぼす影響」「感情知能を高めるトレーニング方法」に焦点を当てました。これらの知見を活用することで、個人はより効果的にコミュニケーションを行い、職場や日常生活での対人関係を向上させることができます。

第23章　インクルーシブなコミュニケーション

全員が参加できる対話を促進する方法

インクルーシブな（すべてを包括する、包みこむような）コミュニケーションは、組織やコミュニティにおいて全員が声を上げやすい環境をつくることを目指します。全員が参加できる対話を促進するためには、次のようなアプローチが有効です。

【多様な意見を求める】

会議や討論の場で意図的に多様なバックグラウンドを持つ人々から意見を求めます。これによって異なる視点が取り入れられ、より多角的で豊かな議論が可能になります。

【話しやすい雰囲気を整える】

対話の場を設定する際は、安全でオープンな雰囲気をつくり出すことが重要です。これには全員が平等に話す機会が保証され、批判や否定的な反応が最小限に抑えられることが含まれます。

このような環境を整えることで、参加者は自らの意見や感情を自由に表現しやすくなり、有意義な対話が促進されます。また、信頼と尊重の基盤の上に構築されたコミュニケーションの場は、よりオープンで建設的な議論を可能にし、新しいアイデアや解決策の発見につながりやすくなります。

誰もが声を上げやすい環境は、通常は表に出にくい貴重な視点や意見を引き出し、集団全体の意思決定プロセスを改善します。安全で受け入れられやすい環境は、個々人のコミュニケーション能力を向上させると同時に、全体としての協調と生産性の向上にも寄与します。

【対話のルールを明確にする】

参加者全員が理解しやすい対話のルールを設け、守られるようにします。これによって全員が尊重され、価値を感じることができる対話が促進されます。ルールを明確にすることで、会話中の混乱や誤解を防ぎ、すべての参加者が平等に意見を表明する機会を持てるようになります。

例えば、「一人が話している間は他の人は静聴する」「全員が話し終わるまで質問は保留する」など、具体的なガイドラインを設定することが効果的です。これによって会話がスムーズに進行し、より多くの意見が出されるようになります。

また、これらのルールは、会話の内容だけでなく、話し方や反応の仕方にも適用され、互いの意見を尊重しながら建設的な議論を行うための基盤をつくります。このようにして設定されたルールは、対話の質を高め、参加者間の信頼関係を深める助けとなります。

多様性を尊重するコミュニケーション

多様性を尊重するコミュニケーションは、異なる文化やバックグラウンドを持つ個人が互いに理解し合い、協力していくために不可欠です。以下のポイントが重要です。

【文化的感受性を持つ】

異なる文化の慣習や価値観について学び、それらを尊重する態度を示します。これによって、文化的な誤解や摩擦を避けることができます。

【インクルーシブな言語を使用する】

性別・民族・障がいなどに関するステレオタイプや偏見を助長しない言葉づかいを心がけます。こうした言語の使い方は、全員が受け入れられていると感じるために重要です。

インクルーシブなコミュニケーションは、多様な背景を持つ人々が等しく尊重され、価値を見いだされる環境を促進します。そのためには、差別的な言葉や表現を避け、誰もが安心して自己表現できる空間をつくることが大切です。また、誰に対しても敬意を持って接することで、プロジェクトやチームの成果にポジティブな影響をもたらすことが可能になります。

インクルーシブな言語を使うことは、単に個々の感情を守るだけではなく、集団全体の協調性と効率性を高め、創造的なアイデアの交流も活発になるため、組織全体の成功に直結します。

【反差別の姿勢を明確にする】
コミュニケーションの中で積極的に反差別の姿勢を示し、多様性を肯定することで、インクルーシブな環境を強化します。

インクルーシブな環境をつくるためのリーダーシップ

リーダーがインクルーシブな環境を構築するためには、意識的な努力と継続的な取り組みが必要です。リーダーの役割は以下の通りです。

【モデルとなる行動を示す】
リーダー自身がインクルーシブな行動を示すことで、他のメンバーに良い手本を提供します。リーダーの行動は組織文化に大きな影響を与えるため、この役割は非常に重要です。

リーダーが公平性と多様性を尊重する姿勢を積極的に示すことで、組織内の他の人々もそれにならい、より包括的な組織環境が促進されます。このようにリーダーが示す行動は、チームメンバーにとって模範となり、彼らの態度や行動に直接的な影響を与えるため、リーダーシップの質が直接的に組織の倫理と効率性を形成します。

したがって、リーダーが積極的に多様性を受け入れ、インクルーシブな文化を推進することは、全員が自分たちの意見やアイデアが価値を持つと感じられるような環境をつくる上で不可欠です。この取り組みは、チームの連携強化と全員の能力を最大限に発揮するための基盤を築くことにも寄与します。

【継続的な教育とトレーニング】

チームとメンバーに対して、多様性とインクルージョンに関する継続的な教育とトレーニングを提供します。これによって、組織全体の意識が高まります。

この教育プログラムは、メンバーが文化的な違いを理解して受け入れることを助けるとともに、組織での差別や偏見を減少させる方法について学ぶ機会を提供します。定期的なセッションやワークショップを通じて、メンバーはインクルーシブな行動を実践するスキルを身につけ、それぞれが異なる背景を持つメンバーと効果的に協働する方法を学びます。

このような教育的取り組みは、組織のダイナミクスを改善し、チームの生産性と創造性を促進します。また、教育とトレーニングを継続的に提供することで、メンバーが新たな視点を常に受け入れ、変化する市場や社会の要求に応じて適応する能力も高まります。これは組織の競争力を維持し、強化する上で重要な役割を果たします。

【フィードバックと評価】

インクルーシブな取り組みに対するフィードバックを定期的に収集し、必要に応じて戦略を調整します。これによって効果的な変化を促進し、継続的な改善を図ることができます。このプロセスは、組織全体の多様性と包括性の方針が実際に機能しているかを評価し、必要な場合には新たなアプローチを採用する機会を提供します。

フィードバックの収集は「メンバーからの直接的な意見」や「関連するデータ」を通じて行われ、これらの情報をもとに組織のポリシーやプロセスを適宜更新します。これによって組織は柔軟に対応し、メンバーのニーズや市場の動向に合わせて継続的に進化することが可能になります。また、このような評価とフィードバックのループを設けることで、組織は自身のインクルーシブな取り組みが目指す成果に向かって確実に進むことができ、メンバーや顧客からの信頼を得ることができます。

このプロセスは、組織が持続可能な成長を遂げるための重要な要素であり、全員がより公平で受け入れやすい組織環境を享受するための基盤を強化します。

インクルーシブなコミュニケーションは、多様な個人がともに働き・学び・成長するための基盤を提供します。本章では、「全員が参加できる対話の促進」「多様性の尊重」「インクルーシブな環境をつくるためのリーダーシップ」に焦点を当てました。これらの原則を実践することで、組織はより公平で開かれた場となり、すべてのメンバーがそのポテンシャルを最大限に発揮することが可能になります。

第24章　コミュニケーションの倫理と責任

倫理的なコミュニケーションの重要性

コミュニケーションのプロセスにおける倫理性は、信頼と透明性を維持し、社会的責任を果たす上で不可欠です。倫理的なコミュニケーションは正直で公正であり、すべての関係者の尊厳と権利を尊重します。これには「偏見を避ける」「事実を正確に伝える」「誤解や不正行為を防ぐ責任を持つ」などが含まれます。

【正確性の確保】

情報を共有する際は、その正確さと真実性を確認することが必要です。誤った情報や誤解を招く表現は、個人や組織に深刻な損害を与える可能性があります。

【公平性の維持】

すべての関係者に対して公平な態度を取り、特定のグループに偏見を持たないよう心がけます。この公平性は、コミュニケーションを通じて築かれる関係の基盤となります。

情報の共有とプライバシー保護

情報を共有することはコミュニケーションの本質的な部分ですが、個人のプライバシーを尊重して保護することも同様に重要です。情報の共有とプライバシー保護のバランスを取る方法は、以下の通りです。

【機密情報の管理】

機密性が高い情報は、関係者間でのみ共有し、不必要に広めないようにします。また、情報を共有する前に、その必要性と影響を検討することが重要です。

【プライバシーポリシーの遵守】

法的規制や組織のプライバシーポリシーに従い、「個人データの取り扱い」には特に注意を払います。これによって個人の権利が保護され、信頼関係が維持されます。

プライバシーポリシーの厳格な遵守は、顧客やメンバーからの信頼を確保し、組織の評判を高める上で極めて重要です。個人情報の安全な管理は、法的な責任を遵守するだけでなく、情報漏洩《ろうえい》による損害リスクを最小限に抑えるためにも不可欠です。

したがって、すべてのメンバーがプライバシー保護の重要性を理解し、適切な研修を受けることが求められます。また、プライバシー関連のポリシーを常に最新の法規制に沿った形で更新し続けることで、技術の進展や市場の変化に対応し、個人データの取り扱いに関する最高の標準を維持します。

これらの取り組みによって、組織全体としてのコンプライアンスが強化され、長期的に顧客やメンバーとの信頼を築き上げていくことができます。

責任あるコミュニケーションの実践

責任あるコミュニケーションを実践することで、組織内外の関係を強化し、倫理的な基準を高めることができます。以下の実践が推奨されます。

【透明性の促進】

決定過程や情報源を明らかにすることで、透明性を高めます。これによって関係者は提供された情報の背景を理解しやすくなり、信頼が築かれます。

【継続的な教育と訓練】

コミュニケーションの倫理に関する継続的な教育と訓練を提供することで、この分野の最新の課題と標準を理解し、適切に行動できるようにします。日々の業務で直面するさまざまな倫理的ジレンマに対して、効果的な対処法を学べるようにも設計します。これによってプロフェッショナルなコミュニケーションスキルを磨きながら、組織内外での信頼性の高い関係を築く方法を学ぶことができます。

倫理的なコミュニケーションを実践することで、組織全体の透明性が向上し、クライアントや顧客との関係が強化されます。さらに、定期的な研修を通じて、メンバーの知識を最新の法規制や業界のベストプラクティスに更新し、組織が業界標準に常に適合し続けることを可能にします。

これらの取り組みは、メンバーの個人的な成長だけでなく、組織の倫理的な基盤を強化し、長期的な成功に寄与します。

【フィードバックの活用】

コミュニケーションの過程で得られるフィードバックを積極的に活用し、実践の改善につなげます。これによって倫理的な問題に迅速に対応し、継続的な改善を促進することができます。

コミュニケーションの倫理と責任は、信頼されるリーダーおよび組織であるための基盤を形成します。本章では、「倫理的なコミュニケーションの重要性」「情報の適切な共有とプライバシー保護」「責任あるコミュニケーションの実践方法」に焦点を当てました。これらの原則を遵守することで、組織はより公正で透明性の高いコミュニケーションを実現し、すべてのステークホルダーからの信頼を得ることができるようになるでしょう。

中級編

スキルアップに取り組んでみよう

第25章　リスニングスキルを強化する

効果的なリスニングのテクニック

リスニングスキルは相手の言っていることを理解し、適切に反応するために不可欠です。効果的なリスニングを実践するためのテクニックには、以下のものがあります。

【アクティブリスニング】

聞き手が積極的に参加し、話者の言葉だけでなく、非言語的なシグナルや感情も理解しようとするアプローチです。目を見て話を聞き、うなずきや短いコメントで反応を示すことで、話者に注意を払っていることを伝えます。このプロセスは、聞き手が話者の意図や感情を深く理解することを目指し、対話における信頼と理解を深めます。

アクティブリスニングを実践することにより、コミュニケーションがより効果的になり、相互の理解が促進されるため、より充実した会話が可能となります。さらに、相手の言っていることを正確に受け止めることで、誤解を避けることができ、関係の強化にもつながります。

この技術を使うことによって、個人間の対話だけでなく、プロフェッショナルな環境での会議やプレゼンテーションでも相手の立場や感情をより良く理解することができ、効果的なコミュニケーションを促進します。

【質問をする】

話をさらに深く理解するために、適切な質問をすることが有効です。これによって話者にも自分の考えを、より詳しく説明する機会を与えることができます。

【まとめてフィードバックを提供する】

話が終わった後、聞いた内容を自分の言葉で簡潔にまとめて話者にフィードバックを提供します。これによって正確に理解しているか確認でき、誤解を防ぐことができます。

リスニングがコミュニケーションに与える影響

効果的なリスニングは、コミュニケーションの質を大きく向上させることができます。リスニングが良いと、以下のようなプラスの影響があります。

【信頼関係の構築】

相手が話している内容に真剣に耳を傾けることで、信頼関係が築かれます。これは個人間の関係だけでなく、プロフェッショナルな環境においても重要です。

アクティブな聞き手であることは、相手に対する敬意を示し、コミュニケーションの効果を高める基本的な要素です。相手の話に注意深く耳を傾けることで、その人が感じていることや考えていることを深く理解し、より効果的なフィードバックや応答を提供することが可能になります。

このようにして信頼を築くことは、個々の関係の強化だけでなく、チームの協力と生産性の向上にも直接的に寄与します。特に組織やビジネス環境では、信頼があると「プロジェクトの進行」「情報の共有」「意思決定プロセス」などがスムーズになり、全体の成果が向上します。したがって、コミュニケーションの際には常に相手の話に集中し、理解を深めるように心がけることが、強固な信頼関係を築くためのカギとなります。

【問題解決の促進】

問題解決において、すべての情報を正確に理解することが重要です。効果的なリスニングによって問題の核心を捉え、より良い解決策を見つけることができます。この過程では、関与する全員が提供する情報を注意深く評価し、それぞれの視点から得られる洞察を統合することが求められます。

リスニングを通じて、隠れた要因や関連する複雑な要素が明らかになり、それに基づいてより効率的かつ実用的な解答が導かれる可能性が高まります。また、チーム内でのオープンなコミュニケーションを確保することによって、さまざまなスキルセットを持つメンバーからの貢献が活かされ、集合的な知識を用いてより包括的な問題解決が可能になります。

このようなアプローチは、単に即時の問題を解決するだけでなく、将来的な類似の課題に対してもより迅速に対応できるような能力を組織内に構築する助けとなります。

【コミュニケーションの効率化】

両者が効果的にリスニングすることで、コミュニケーションのミスが減少し、時間と労力を節約できます。良いリスニングは情報の正確な受け取りを保証し、結果的に誤解や再確認の必要性を減らします。これによって会話がよりスムーズに進み、両者の理解が深まるため、より迅速に合意点に到達することが可能となります。

また、効果的なリスニングは対話中の不必要な中断を避けることができ、全体の会話の流れを良くし、より生産的な結果につながります。このアプローチは、特にビジネス環境やチームワークが必要な場面で価値があり、情報の正確な伝達と迅速な意思決定を促進します。

リスニングを強化することは、組織の効率だけでなく、対人関係の質を向上させるためにも重要なスキルです。

リスニング力を向上させるための練習方法

リスニングスキルは、意識的な努力と練習によって向上します。以下は、リスニング力を養うための練習方法です。

【リスニングエクササイズの実施】

パートナーなどとの練習セッションを設定し、交互に話し合うことで、リスニングスキルを鍛えます。この際、相手の言葉を途中でさえぎらず、完全に話を聞き終えることを心がけます。これによって注意力を集中し、相手の意見や感情をより深く理解する能力が向上します。

また、リスニングエクササイズを定期的に行うことで、聞き手としての忍耐力や共感力を育てることができます。このプロセスでは、相手の非言語的なシグナルや感情的なニュアンスにも気を配ることが重要です。

効果的なリスニングを身につけることは、コミュニケーションの質を高め、相互理解を促進するための基本となります。さらに、これらの練習を通じて、相手の視点を尊重し、異なる意見に対してオープンであることの重要性を学びます。

このようなエクササイズは個人の対人スキルを総合的に向上させ、より効果的なコミュニケーターになるための訓練となります。

【メディアを利用する】

ラジオ・ポッドキャスト・動画など、さまざまなメディアの内容を聞いて、その内容を要約する練習をします。異なるトピックやアクセントに耳を慣らすことも効果的です。この方法は、聴解能力（話を聞いてその意味を理解し、解釈すること）を向上させるのに役立ち、さまざまな発話スタイルや表現に対応する力を養います。

例えば、ニュース番組やドキュメンタリー、さまざまなジャンルのポッドキャストを聞くことで、専門的な用語や日常会話の違いを理解し、より広範な知識を身につけることができます。また、映画やドラマを見ることで、感情的なニュアンスや隠れた意味を解釈するスキルも磨かれます。

これらのアクティビティは聞き取りだけでなく、言語の理解を深め、コミュニケーション能力全般を高めるのに寄与します。さらに、異なるカルチャーのメディアを消費することで、国際的な視野を広げ、異文化間コミュニケーションの際にも役立つ洞察を得ることが可能になります。

リスニングの練習後は、自分が「どのように聞いたか」「どの点が改善できるか」を反省し、他者からフィードバックを得ることが重要です。このプロセスを通じて自己認識を深め、具体的な改善点を特定することが可能になります。

【反省とフィードバックの活用】

リスニングスキルを磨く際は、単に情報を受け取るだけでなく、「どのように反応し、相手の言葉をどれだけ理解できたか」を自己評価することが重要です。また、コミュニケーションパートナーや指導者からの建設的なフィードバックを活用することで、不注意な習慣や誤解を引き起こす要因を明らかにし、それを改善するための具体的な方法を見つけることができます。

このような自己反省と外部からの評価を組み合わせることで、より効果的にコミュニケーション能力を高めることができ、相手との対話でより良い理解と関係を築くことにつながります。フィードバックを求め、それを受け入れることは、継続的な学びと成長のために不可欠です。

リスニングは、コミュニケーションにおいて基本的かつ重要なスキルです。本章では、「効果的なリスニングの技術」「リスニングがコミュニケーションに与える影響」「リスニング力を向上させるための練習方法」に焦点を当てました。これらのスキルと練習を日常に取り入れることで、すべての関係がより豊かで効果的なものになるでしょう。

第26章 メディアリテラシーとコミュニケーション

メディアリテラシーの重要性

メディアリテラシーは情報を批判的に評価・理解・活用する能力を指します。このスキルは、現代社会における情報過多の環境を効果的にナビゲートするために不可欠です。「正確な情報の識別」「偏見の理解」「メディアの影響力の認識」などを含め、メディアリテラシーは次のような利点をもたらします。

【情報の選別能力の向上】

メディアリテラシーを身につけることで、真実と誤情報を区別する能力が養われます。これによって、個人はより信頼できる情報に基づいて意思決定を行うことが可能になります。このスキルを習得することは、現代社会において特に重要であり、さまざまな情報源から提供される内容を批判的に分析し、その信憑性や価値を評価することが求められます。

正確な情報を見極める能力は、健全な民主的議論を促進し、社会全体の情報リテラシー水準の向上に寄与します。さらに、メディアリテラシーを身につけることで、プロパガンダ（宣伝活動）や広告に影響されることなく、自身の価値観やニーズに合った情報を選択する力も強化されます。

このような能力は、日々のニュースの消費やソーシャルメディアを使用する際にも役立ち、個人の教育的および専門的な成長をサポートします。それによって個人は情報に基づいた、より賢明な選択を行うことができ、自らの生活やキャリアに有益な影響を与えることができます。

【批判的思考能力の促進】

メディアの内容を批判的に分析することで、その背後にある意図や影響を理解しやすくなります。これは、公共の議論や民主主義の実践においても重要な役割を果たします。

批判的思考は情報をただ受け入れるのではなく、その情報がどのようにして構築され、どのような目的で提供されているのかを見極めるプロセスを含みます。このスキルを身につけることによって、個人はメディアが提示する情報に対してより深い洞察を持つことができ、誤情報や偏見に流されることなく自らの意見を形成できるようになります。

さらに、批判的思考を養うことは、多様な情報源から得られる知識を効果的に統合し、情報に基づいた意思決定を行う基盤を提供します。この能力は、社会的・政治的な問題に対するより深い理解を促し、公平かつ効果的な議論を行うための必須のスキルです。また、批判的思考は「常に情報を疑う」「情報の真実性を問う」「より信頼できる情報源を探求する」という姿勢を促進します。

このように批判的思考能力は個人の教育的な成長だけでなく、健全な公共生活と民主主義の維持に寄与する重要な要素です。

【自己表現のスキル向上】

メディアリテラシーには、効果的なコミュニケーションと自己表現の能力が含まれます。これによって個人は自らの意見やアイデアを、より広い聞き手に対して適切に表現することができるようになります。このスキルセットを身につけることで、個人は自分の考えを明確かつ説得力のある方法で伝えることができ、社会的または専門的な環境での影響力を高めることが可能になります。

メディアリテラシーを通じて獲得される自己表現の技術は、デジタルメディアや社会的ネットワークを通じて自分自身を表現する際にも重要です。効果的に自己を表現する能力は、オンラインでのプレゼンスを管理し、個人のブランドを構築する上で不可欠な要素となります。これはまた、異なる文化や背景を持つ人々とのコミュニケーションにおいても役立ち、多様な観点を理解し、適切に反応する能力を強化します。

このように自己表現のスキルを向上させることは、個人の自信を増すだけでなく、その意見が広範な影響を与える可能性を広げるために重要です。

情報の評価と伝達方法

メディアリテラシーの中核をなすのは、情報を適切に評価して伝達する能力です。以下の手法が、情報の評価と効果的な伝達を支援します。

【情報源の検証】

情報の信頼性を評価するには、その情報源を検証することが重要です。「出典の透明性」「著者の資格」「公開日時」などを確認します。

このプロセスには、「情報が公開されているプラットフォームの信頼性」や「情報がどのように収集されたか」についても考慮することが含まれます。さらに、「情報が他の信頼できるソースによっても支持されているか」を調べることも重要です。これによって情報が一方的な見解や偏見に基づいていないか、または誤情報やデマでないかを効果的に判断することができます。

情報源の検証を行うことで、特にインターネット上に広まる情報の中から正確で信頼性の高いデータを選び出すことが可能になり、誤解や不必要な混乱を避けるために不可欠なスキルが身につきます。このような慎重な検証作業は、個人の教育的な背景や専門的な決定を行う際にも役立ち、情報に基づいた意思決定を促進します。

【多角的な情報収集】

一つの情報源に依存せず、複数の視点から情報を収集することが重要です。これによって、よりバランスの取れた理解が得られます。

「異なるメディア」「専門家の意見」「研究資料」などの比較検討で情報の偏りを避け、より幅広い知識を得ることができます。例えば、ニュースの話題については、地域的なニュースソースだけでなく、国際的な視点を提供するメディアも参照することが有益です。また、科学的な研究や技術的な進展に関する情報を求める際には、「学術誌」「業界報告書」「専門家のブログや発表」なども活用すると良いでしょう。

このように多角的な情報収集を行うことで、単一の情報源による偏見や誤解から解放され、事実に基づいた全体的な見解を形成することが可能となります。これによって、より深い洞察や合理的な判断が促されます。

【情報の明確な伝達】

情報を他者に伝える際は、その内容を明確かつ簡潔に伝えることが求められます。このためには、ジャーゴン＊の使用を避け、主要なポイントを強調することが効果的です。

伝えるべき内容を簡素化し、不必要な詳細は省略することで、聞き手が情報を迅速に理解しやすくなります。また、具体的な例や比喩を用いることで、複雑な概念やデータを視覚的に示すことができ、さらに理解を深める手助けとなります。

情報を伝える際には、聞き手の背景や知識レベルに適応し、最も効果的なコミュニケーション方法を選択することも重要です。このアプローチによって誤解を最小限に抑え、情報の正確な伝達が保証されます。

明確な伝達は教育・ビジネス・日常生活のさまざまな場面での効率と効果を大幅に向上させることができるため、すべてのコミュニケーションにおいて重要なスキルです。

デジタルコミュニケーションのリスク管理

デジタルメディアは多くの利便性を提供しますが、それに伴うリスクも無視できません。以下はデジタルコミュニケーションのリスクを管理するための戦略です。

【プライバシー保護の強化】

個人情報の保護に関する知識を身につけ、適切なセキュリティ対策を講じることが不可欠です。これには「パスワードの管理」「個人情報の公開制限」などが含まれます。

【デジタルフットプリントの管理】

オンラインでの活動は、長期にわたって追跡される可能性があります。そのためデジタルフットプリント＊に考慮して公開する情報を慎重に選び、プロフェッショナルなイメージを維持することが重要です。

個人情報の公開には特に注意が必要で、セキュリティ設定を適切に管理し、プライバシーを守る措置を講じることが求められます。また、「ソーシャルメディアプロファイル」「ブログ」「その他のオンラインプラットフォーム」で共有される内容は、将来的に雇用機会などに影響を与える可能性があるため、投稿する情報の選定には細心の注意を払うことが賢明です。

職業上の成果や専門的な洞察を共有することは、ポジティブなデジタルプレゼンスを築くのに役立ちますが、個人的な意見や感情的な発言は慎重に取り扱うべきです。これによってオンラインでの自己表現が将来にわたってポジティブな影響をもたらし、プロフェッショナルな評価を保つのに役立ちます。

【オンライン行動の倫理的基準の維持】

オンラインでの行動は、リアルな世界と同様に倫理的な基準に従うべきです。誹謗中傷《ひぼうちゅうしょう》や偏見を助長する行動を避け、尊重と理解を基本に行動します。

インターネット上での交流では、公開されたコメントや画像が広範囲に及ぶため、その影響が非常に大きくなります。そのためオンラインで共有する情報は慎重に選び、ポジティブなコミュニティの形成に貢献する内容を心がけることが大切です。

また、他人のプライバシーや権利を尊重する行動を取ることで、信頼されるオンラインユーザーとしての評価を保つことができます。さらに、オンラインでのコミュニケーションでは、文化や背景が異なる人々とも交流が生じるため、多様性を理解して包括的な対話を促進することが重要です。

このようにして、オンライン空間でも倫理的に責任ある行動を維持することは、自己の社会的責任を果たすとともに、健全で安全なデジタル環境の保持に貢献します。

> メディアリテラシーは現代社会で生活し、効果的にコミュニケーションを行うために不可欠なスキルです。本章では、「メディアリテラシーの重要性」「情報の適切な評価と伝達」「デジタルコミュニケーションのリスク管理」について焦点を当てました。これらの知識を活用することで、個人は情報過多の世界を賢く生き抜き、自らの意見やアイデアを有効に伝えることができるようになります。

第27章　コミュニケーションとリーダーシップ

リーダーシップにおける効果的なコミュニケーション

リーダーシップとコミュニケーションは密接に関連しており、優れたリーダーは必然的に優れたコミュニケーターでもあります。リーダーシップにおいて効果的なコミュニケーションを行うためには、以下の要素が不可欠です。

【明確性と簡潔性】

リーダーは、目標・期待・ビジョンなどを明確かつ簡潔に伝える必要があります。これによって迷いを最小限に抑え、チームの効率と方向性が向上します。

【誠実さと透明性】

信頼を築くためには、誠実さが欠かせません。リーダーは良いことも悪いことも含めて情報を共有し、正直なコミュニケーションを心がけるべきです。

【双方向のコミュニケーション】

優れたリーダーは一方通行のコミュニケーションを避け、チームメンバーからのフィードバックや意見を積極的に求めます。これによって参加とエンゲージメントが促進されます。

フォロワーシップとの関係

フォロワーシップとは、リーダーを支持し、その指示に従う能力を指しますが、これはリーダーのコミュニケーションスキルに大きく依存します。リーダーとフォロワーの関係は、以下のコミュニケーション戦略によって強化されます。

【エンパワーメントの促進】

リーダーはフォロワーに権限を委譲して自己決定を奨励することで、彼らの自信と自律性を高め、フォロワーが自分たちの責任を積極的に受け入れるよう促していきます。これによってチームメンバーは個々の能力を信じ、より大きなチャレンジに自信を持って取り組むことが可能になります。

エンパワーメントは個人が自分の役割と業務に対してより大きな主体性を持つことを促し、これによって組織のモチベーションと生産性が向上します。また、リーダーによる権限の委譲は、フォロワーに新たなスキルを学ぶ機会を提供し、彼らのプロフェッショナルな成長とキャリアの進展をサポートします。さらに、自己決定を奨励することで、フォロワーは業務の意思決定プロセスに参加し、創造的な解決策を提案する機会が増え、チーム全体のイノベーションが促進されます。

このようにエンパワーメントの促進は組織全体のパフォーマンスの向上に寄与し、リーダーとフォロワーの双方にとって有益な結果を生み出すことが期待されます。

【関係構築】

リーダーは、個々のフォロワーとの関係を深めることに時間を投資すべきです。これによって個々の動機や懸念を理解し、よりパーソナライズされた支援を提供できます。

【公正性の保証】

すべてのフォロワーに対して公平で一貫した扱いをすることが、信頼と尊敬を得るために重要です。リーダーは、偏見や好みを排除することに努めるべきです。

リーダーとしての影響力を高める方法

リーダーとしての影響力を高めるためには、コミュニケーションスキルの向上がカギとなります。以下の方法が、リーダーとしての影響力を強化します。

【ビジョンの共有】

優れたリーダーは、自身のビジョンを情熱的かつ波及力を持って伝えます。これによって、フォロワーは共通の目標に向かって一致団結することができます。

リーダーが明確かつ魅力的にビジョンを展開することで、チームメンバーはそのビジョンに共感し、「自分たちの日々の業務が、大きな目標にどのように貢献しているか」を理解することが可能になります。この共有されたビジョンは、困難な時期でもチームの士気を高め、持続可能なモチベーションの源となります。

また、リーダーがビジョンを繰り返し強調し、その達成のための戦略やプランを具体的に示すことで、フォロワーは安心感を持ち、自分たちの役割が明確になるため、より積極的に取り組むことができます。リーダーのこのような行動は、組織全体の一体感を促進し、異なるバックグラウンドや専門知識を持つメンバーが協力して目標達成に向けて努力する環境を創出します。

【ストーリーテリング】

個人的な経験や成功事例をストーリーとして共有することで、メッセージに感情的な重みを加え、記憶に残りやすくします。このアプローチは情報を単なる事実の羅列ではなく、感動や啓発を誘う物語として提示することでフォロワーの関心を引きつけ、より深い理解と共感を促します。

ストーリーテリングを用いることで、複雑な概念や抽象的なアイデアを具体的でわかりやすい形に変換し、フォロワーが情報を感情的に結びつけやすくなります。また、ストーリーには人々が自己の体験や挑戦と関連づけることができる要素が含まれているため、メッセージがより個人的なレベルで響き、行動変容への影響も強まります。

このように、ストーリーテリングは「教育的なセッション」「マーケティング」「リーダーシップのコミュニケーション」「日常の対話」など、さまざまな場面で情報を効果的に伝え、フォロワーとの強い結びつきを築くための強力なツールです。

【継続的な学習と適応】

リーダーとして常に新しいコミュニケーション手法や技術を学び、適応することが必要です。これによって変化する環境に対応し、持続可能な影響力を維持することができます。このプロセスは、組織の成長とともに進化するリーダーシップスタイルを形成し、チームのニーズに応じて柔軟に対応する能力を高めます。

現代のリーダーには「デジタルコミュニケーション」「多文化間交流」「リモートチームの管理」など、幅広いスキルセットが求められます。これらの技術を身につけて継続的に更新することで、リーダーは多様な背景を持つメンバーと効果的にコミュニケーションを取り、組織全体のエンゲージメントと生産性を向上させることが可能になります。また、新しいコミュニケーション技術の習得は、外部との連携や新たなビジネスチャンスの発見にもつながり、組織の革新的な進化を促進します。

これらの継続的な学習と適応の努力は、リーダーが現在および未来の課題に効果的に対応するための基盤となります。

リーダーシップは単なる指示や決定の伝達以上のものです。本章では、「リーダーシップにおける効果的なコミュニケーションの重要性」「フォロワーとの関係」「リーダーとしての影響力を高める方法」について焦点を当てました。これらの要素を適切に統合して実践することで、リーダーは自身と組織の両方に対してポジティブな変化をもたらすことができます。

第28章　コミュニケーションのバリアを超える

異文化間の壁を打破する方法

異文化間のコミュニケーションには多くの課題が伴いますが、異なる背景を持つ人々の間で理解と協力を促進するための効果的なアプローチがあります。以下の方法は、異文化間の壁を打破するのに役立ちます。

【文化的敏感性を高める】

異文化について学び、その文化特有の価値観やコミュニケーションスタイルを理解することが重要です。これには、異文化間トレーニング＊やワークショップの受講が有効です。

【共通の基盤を見つける】

異なる文化の間にも、共通の興味や価値が存在することが多くあります。これらを探り出して共有することで、相互理解の橋渡しを行います。

このアプローチによって、文化的な隔たりを超えて人々がつながり、お互いの背景をより深く理解するきっかけをつくり出すことができます。例えば、食文化・音楽・スポーツなどの共通の興味を通じて、初対面の人同士でもリラックスして交流をはじめることができます。さらに、共通の価値観を探ることで、異なる文化間での協働や共同プロジェクトの基礎を築くことも可能です。

このように共通点を見つけ出すことは、異文化間での信頼と尊敬を築く上で効果的であり、さまざまな文化的背景を持つ人々が協力して目標を達成するための強固な絆を形成する助けとなります。

【非言語的コミュニケーションの理解】

言葉だけでなく、ジェスチャーや表情などの非言語的な要素もコミュニケーションに大きく寄与します。これらの非言語的要素を適切に読み取ることで誤解を防ぎ、スムーズなコミュニケーションを促進します。

言語の違いを乗り越えるコミュニケーション

言語の違いはコミュニケーションの大きな障壁となりますが、次の方法でこれを克服することができます。

【翻訳ツールの活用】

技術の進歩によって、リアルタイム翻訳ツールや多言語対応のアプリケーションが利用可能になっています。これらを活用することで、言語の障壁を低減できます。

これによって異なる国籍や文化を持つ人々がスムーズにコミュニケーションを取ることが可能になり、国際会議・ビジネス交渉・旅行といったさまざまなシチュエーションでの理解と協力が促進されます。特にビジネスの場面では、翻訳ツールを用いることで契約書の理解やプレゼンテーションの質を向上させることができ、効率的な国際取引を支援します。また、教育分野では、これらのツールを利用して外国語の教材を容易に理解することができ、学習者の言語習得を強力にサポートします。

このように翻訳ツールの活用は、言語の違いによる障壁を超えて、より広い範囲での情報交換と人々の接続を可能にする手段となります。

【シンプルな言葉の使用】

複雑な専門用語やイディオム（慣用句）の使用を避け、簡潔で平易な言葉を使うことが、言語の壁を超える上で効果的です。

【ビジュアルエイドの利用】

図表や写真などのビジュアルエイドを使うことで、言語に頼らずに情報を伝えることが可能になります。これによって、理解が促進されます。

ビジュアルエイドは複雑なデータやプロセスを簡潔に視覚化し、視覚的な印象を通じて即座に理解を深めることができます。例えば、統計データをグラフで示すことによって数値のトレンドや比較が明確になり、聞き手が情報を迅速かつ効果的に処理するのを助けます。また、プレゼンテーションや教育の場においてビジュアルエイドを活用することで、言葉だけでは伝わりにくい抽象的な概念や、技術的な詳細をよりアクセスしやすく提示することができます。さらに、多言語の聞き手に対してもビジュアルエイドは有効で、言語の壁を超えて共通の理解を築く手段として機能します。

このようにビジュアルエイドを適切に使用することで、コミュニケーションの明瞭さを向上させ、より幅広い聞き手に情報を効果的に届けることが可能になります。

バリアフリーなコミュニケーションの実践

バリアフリーなコミュニケーションは、障がいを持つ人々を含め、すべての個人が情報にアクセスしやすい環境を提供することを目指します。以下の実践が効果的です。

【アクセシビリティの確保】

視覚や聴覚に障がいがある人が情報を利用できるよう、ウェブサイトや資料にはアクセシビリティ機能を導入します。例えば、「テキストを音声に変換する機能」や「字幕つきの動画の提供」などが含まれます。これによって障がいを持つユーザーでも情報へのアクセス障壁が大幅に低減され、平等な情報利用の機会が提供されます。

さらに、高コントラストの色設定や大きなフォントサイズのオプションを提供することも、視覚障がい者にとって有効です。また、聴覚障がい者向けには、動画コンテンツに視覚的な手がかりを加えたり、手話翻訳を用意したりすることも重要です。

これらの対策を講じることで、すべての人が情報を公平に利用できるようになり、デジタルインクルージョンを推進します。アクセシビリティの向上は、社会全体の包摂性を高めることにもつながり、すべての人々が自立し、社会参加を果たすための基盤を強化します。

【インクルーシブなデザイン】

会議やイベントの企画時には、すべての参加者がアクセスしやすいよう配慮します。これには会場の物理的なバリアの除去や、特定のニーズに対応するための設備の整備が必要です。

例えば、車椅子利用者がスムーズに移動できるように、バリアフリーの出入口やエレベーターを設置することが求められます。また、視覚や聴覚に障がいを持つ参加者のために「音声ガイド」「点字資料」「手話通訳」などのサービスも準備することで、すべての人が平等に参加できる環境を整えることが重要です。これに加えて、イベント会場の配置や座席の設計にも配慮し、どの参加者にも見やすく、聞き取りやすい環境を提供することが大切です。

インクルーシブなデザインは、すべての人が安心して参加し、快適に情報を受け取れるだけでなく、多様な視点や背景を持つ人々が意見を交わす場をつくり出し、より豊かな議論や協力を生み出すことにつながります。

【教育と意識向上】

組織内外でバリアフリーなコミュニケーションの重要性について教育し、意識を高める活動を行います。これによって、インクルーシブなコミュニケーションが文化として根づきます。

具体的には、従業員や関係者に対して、バリアフリーな環境づくりの重要性やその実践方法についての研修・ワークショップを定期的に開催します。これによって、すべての人が平等に参加できる環境を理解し、日常的に意識することが促進されます。また、組織内コミュニケーションだけでなく、外部のパートナーや顧客に対しても同様の取り組みを行うことで、組織全体がインクルーシブな考え方を共有し、社会全体でバリアフリーコミュニケーションを推進する役割を果たすことができます。

これらの教育や意識向上活動は、単なる一時的な取り組みではなく、継続的に行うことで長期的な変化を生み、組織の一部として定着することが期待されます。

コミュニケーションのバリアを超えることは、グローバルかつ多様な現代社会において必要不可欠です。本章では、「異文化間の壁の打破」「言語の違いを乗り越える方法」「バリアフリーなコミュニケーションの実践」に焦点を当てました。これらのアプローチを通じて、すべての人が等しく情報を共有し、相互理解を深めることが可能になります。

第29章　持続的な学びとスキルアップ

継続的な成長のための学びの方法

プロフェッショナルとして成長し続けるためには、持続的な学習が不可欠です。継続的な学びを実現するための効果的な方法は、以下の通りです。

【目標設定】

学習目標を明確に設定し、それらが具体的かつ達成可能であることを確認します。目標を小さなステップに分けることで達成感を得やすくし、モチベーションを維持します。

【アクティブラーニング】

受動的な学習ではなく、自ら問題を解決するプロセスに積極的に参加することで、深い理解と長期記憶の形成を促進します。「ディスカッション」「ケーススタディ」「プロジェクトベースの課題」などが有効です。

アクティブラーニングは単に知識を受け取るだけでなく、学習者が主体的に考え、情報を活用する力を育てる学習方法です。例えば、ディスカッションでは参加者が自分の意見を述べ、他者の視点を聞き、それに基づいて新しい洞察を得る機会が増えます。

また、ケーススタディを通じて、理論的な知識を現実のシナリオに適用し、その有効性や課題を分析する力を鍛えることができます。さらに、プロジェクトベースの課題は、チームでの協力や問題解決スキルを向上させ、実際の場面での応用力を高める役割を果たします。

このようなアクティブラーニング手法は、学習者が学んだ内容を理解し、自分の経験や知識と結びつけることで、単なる暗記に頼らず、知識を長期的に保持する助けとなります。

【継続的なレビュー】

学んだ内容は定期的に復習し、新しい情報と結びつけることが重要です。これによって知識が定着しやすくなり、忘れにくくなります。

自己評価とフィードバックを活かした改善

自己評価は自己成長のカギを握り、フィードバックはそのプロセスを加速します。以下の戦略を通じて、自己評価とフィードバックを最大限に活用します。

【定期的な自己評価】

自分の強みや改善点を客観的に評価するために、定期的に自己評価を行います。これには「日記をつける」「自己反省のセッションを持つ」などの方法があります。

自分のパフォーマンスや行動を振り返ることで、成功した点や失敗した点を明確に把握し、今後どのように改善すべきかを具体的に考えることができます。また、日記を活用して日々の出来事や感情を記録することにより、自分の行動パターンや思考傾向をつかみやすくなり、自己理解が深まります。

さらに、自己評価を通じて得た気づきは、次の目標設定や行動計画の策定に役立ちます。例えば、月に一度、自己反省の時間を設けて「自分が直面した課題と、それにどう対処したか」を分析することで、次に同じような状況に直面したときに、より効果的な対応ができるようになります。

定期的な自己評価は、単なる自己批判ではなく、成長のためのステップであり、長期的な自己改善とキャリアの成功に貢献します。

【構築的なフィードバックの求め方】

メンターや同僚からの構築的なフィードバックを積極的に求め、それを学びに役立てます。フィードバックは、自己評価に基づいて具体的に求めることが効果的です。

自己評価を行った後、改善点やさらなる成長の余地がある分野について明確な意識を持つことは、フィードバックを効果的に活用するための第一歩です。自分の強みと弱点を客観的に理解し、特定の状況や行動に対する意見を尋ねることで、具体的かつ有用なフィードバックを得ることができます。

例えば、同僚やメンターに「最近のプロジェクトでのプレゼンテーションについて、どの部分を強化できるか意見をいただけますか？」といった形で尋ねると、改善のヒントがより具体的で実行しやすくなります。フィードバックを求める際には、オープンな態度で受け入れることが重要で、ネガティブなフィードバックであっても、それを「成長の機会」として前向きに捉えることが大切です。

また、定期的にフィードバックを求めることで、進捗を確認しながら継続的に改善を図ることができ、自己成長を加速させるための貴重な情報源となります。これによってフィードバックを単なるアドバイスとしてではなく、「実践的な改善策」として活用できるようになります。

【フィードバックの反映】

受け取ったフィードバックを具体的な改善計画に反映させ、実際の行動変化に結びつけます。これによって、継続的なスキルアップが可能になります。

スキルアップを促進する学習環境の構築

個人だけでなく、組織全体で学習環境を整えることが、持続的なスキルアップを促進します。効果的な学習環境の構築方法は、以下の通りです。

【リソースの提供】

チームメンバーが学習リソースに容易にアクセスできるようにします。これには「オンラインコース」「セミナー」「ワークショップ」「図書資料の提供」などが含まれます。

【学習のための時間の確保】

チームメンバーが業務時間内に学習活動に参加できるよう、時間を確保します。これによって学習と仕事のバランスを取りながら、スキルアップを進めることができます。

【学習文化の育成】

組織全体で学習を価値あるものと捉え、知識共有を奨励する文化を育てます。これには「学習成果を共有するミーティングの定期開催」や「成功事例の表彰」などが含まれます。

学習文化を醸成することは、個々の成長だけでなく、組織全体のパフォーマンス向上に大きく貢献します。メンバーが新しい知識やスキルを学ぶことを重視し、それを職場で積極的に応用できる環境を提供することで、組織全体のイノベーションが促進されます。また、学んだ内容を他のメンバーと共有する機会を定期的に設けることで、チーム全体が共通の知識基盤を持ち、効率的な業務遂行が可能になります。

知識共有ミーティングは、単に情報を伝える場ではなく、対話を通じて新たなアイデアや解決策を引き出すための有効な手段です。さらに、「学習成果や新たに獲得したスキルが実際の業務にどのように役立ったか」を評価し、成功事例を表彰することで、学習へのモチベーションが高まり、全員が学ぶことの価値を再確認できます。

学習を奨励する文化が根づくと、メンバーは常に向上心を持ち、自分自身だけでなく組織全体の成功に貢献する意識を強めることができます。

持続的な学びとスキルアップは、個人のキャリア成長に欠かせない要素です。本章では、「効果的な学びの方法」「自己評価とフィードバックを活かした改善」「スキルアップを支える学習環境の構築」に焦点を当てました。これらのアプローチを組み合わせることで、個人は自己実現を目指し、組織は持続可能な成長を達成することができます。

第30章　クリエイティブな思考法の応用

突破口を見つけるための発想法

クリエイティブ思考は、従来の枠組みを超えた解決策を見いだすために不可欠です。新たな突破口を見つけるための発想法には、以下のようなアプローチがあります。

【マインドマッピング】

アイデアや概念を視覚化する技術であり、関連するアイデアを自由に書き出してつなげることで、新しい発想が生まれやすくなります。これによって問題の構造を明確に把握し、隠れたつながりや可能性を発見できます。

【SCAMPER法】

既存の製品やサービスをもとにして、置換・組み合わせ・適応・目的の変更などの視点から新しいアイデアを生成するテクニックです。この方法はクリエイティブな思考を促進し、既存のリソースを最大限に活用します。

【シックス・シンキング・ハット】

発想を促進するために異なる視点(帽子)を意図的に変えることで、問題に対する全方位的な理解と多角的なアプローチを実現します。これによって思考の偏りを避け、より全体的な解決策が見つかりやすくなります。

シックス・シンキング・ハットは、マルタ出身の医師・心理学者・哲学者・コンサルタントであるエドワード・デ・ボノによって提唱された思考法で、それぞれの帽子が異なる視点や役割を表します。白い帽子は「客観的な事実やデータに基づいた分析」を、赤い帽子は「感情的な反応や直感的な判断」を、黒い帽子は「リスクや潜在的な問題点」に焦点を当て、黄色い帽子は「ポジティブな側面やメリット」を見つけます。さらに、緑の帽子は「創造的な発想や代替案」を促進し、青い帽子は「全体を俯瞰《ふかん》して議論や思考のプロセスのまとめ」を担います。

これらの異なる帽子を使い分けることで、単一の視点にとらわれることなく、さまざまな角度から問題にアプローチすることができ、よりバランスの取れた結論に到達しやすくなります。例えば、問題解決の際にまず白い帽子で事実を確認し、その後に赤い帽子で感情的な反応を検討し、最終的に黄色い帽子でメリットを強調するといったプロセスを踏むことで、議論が一方的な方向に進むのを防ぐことができます。

このようにシックス・シンキング・ハットを使うことで、思考の偏りを排除し、より包括的でクリエイティブな解決策が導き出されるのです。この方法は、特にグループディスカッションやチームでの問題解決において有効で、参加者全員が多角的に物事を考える習慣を身につけるためのツールとなります。

6色の帽子の役割

逆転の発想を活かした問題解決

逆転の発想は、問題に対して一見すると直感に反するアプローチを試みることで、革新的な解決策を導き出す方法です。以下のステップで、逆転の発想を実践します。

【問題の再定義】

通常の問題の見方を逆転させることからはじめます。例えば、「顧客が商品を購入しない理由は何か？」ではなく、「なぜ顧客は私たちの商品を避けるのか？」と問い直すことで新たな視点が生まれます。

【制約の逆転】

ある条件や制約を逆転させて考えることで、新たな視点が得られます。例えば、コスト削減を目指す代わりに「どうすればコストを無視してでも価値を提供できるか」を考えます。

【目的の反転】

通常の目的を逆転させ、例えば「最も快適な椅子をデザインする」のではなく、「意図的に不快な椅子はどうなるか？」を探ることで、創造性を刺激します。

クリエイティブ思考を実践する

クリエイティブ思考を日常的に実践するには、環境設定と習慣がカギとなります。以下の方法を通じて、クリエイティブな思考を日々の活動に組み込みます。

【創造的な環境の構築】

自身の周りを刺激的なアート作品・書籍・音楽などで満たすことで、創造的な思考が促されます。また、異なる背景を持つ人々との交流も、新たなアイデアの触発源となります。

創造的な環境は、視覚的・聴覚的な刺激を通じて、日常生活において発想を豊かにする役割を果たします。例えば、色彩豊かなアート作品やデザイン性の高いオブジェクトは視覚を刺激し、脳が新しいアイデアを発展させるきっかけを与えます。また、多様なテーマを扱った書籍やドキュメンタリーなどを身近に置くことで、異なる分野の知識が交差し、独自の視点から物事を考える力が養われます。

さらに、音楽は創造的な思考に影響を与える重要な要素であり、ジャンルやリズムによって脳を活性化させることができます。特にリラックス状態で聴く音楽は、脳をクリエイティブモードに切り替え、新しいアイデアが生まれやすくなります。

異なる文化や専門分野を持つ人々との交流は、自分では考えつかないような視点や考え方を取り入れる絶好の機会となります。他者の経験や知識から学び、それを自身の思考に取り入れることで、独自のアイデアを創出する力が高まります。

多様な刺激を取り入れた創造的な環境は、単なるアイデアの出発点を提供するだけでなく、長期的にクリエイティビティを維持するための基盤となります。

【定期的なブレインストーミング】

チームで定期的にブレインストーミングを行い、アイデアを自由に出し合う文化を育てます。これによって多様なアイデアが生まれ、革新的な解決策が見つかりやすくなります。

【フィードバックと反省の統合】

実行したアイデアの成果を評価し、「何がうまく行ったか」「何が改善されるべきか」を分析します。このプロセスは、今後のクリエイティブ活動のための重要な学びとなります。

クリエイティブ思考の応用は、日常的な問題解決から業界を変革するイノベーションまで、幅広いシーンでその価値を発揮します。本章では、「突破口を見つけるための発想法」「逆転の発想を活かした問題解決」「クリエイティブな思考を実践する方法」に焦点を当てました。これらのテクニックを習得し、日々の実践に取り入れることで、あらゆる業界での成功と革新が期待できます。

第31章　コミュニケーション能力の評価と改善

コミュニケーションスタイルの自己診断

効果的なコミュニケーションは、個人的および専門的成功の基礎です。自己診断は自身のコミュニケーションスタイルを理解し、それを改善する第一歩となります。自己診断を行う方法は、以下の通りです。

【自己評価アンケートの利用】

自己評価アンケートやツールを使用することで、コミュニケーションスタイルを客観的に分析し、自身の強みや改善すべき領域を明確にします。これによって効果的な自己成長の目標を設定し、スキル向上に向けた具体的なアクションを取ることが可能です。また、他者からのフィードバックと併用することで、より包括的な視点で自分のコミュニケーションを理解し、改善のための道筋を見つける助けになります。

【日常のコミュニケーションの振り返り】

日々の会話やメールのやり取りを振り返り、改善点を見つけることは効果的です。自分の発言や書き方が相手にどのように伝わったか、また相手の反応を分析することで、次のコミュニケーションを改善できます。具体的な改善策を見つけ、それを次回のやり取りで実行することで、より円滑なコミュニケーションが可能となり、信頼関係の強化にもつながります。

【動画や音声録音のレビュー】

自分のコミュニケーションを録音・録画し、客観的に評価することで、非言語的な要素や話し方のクセを把握し、改善点が見えてきます。「手の動き」「表情」「声のトーンやペース」など、普段は気づかない点を確認し、自己改善に役立てることができます。また、録画を他者と共有してフィードバックをもらうことで、さらに具体的な改善策を得ることが可能です。

弱点を克服するためのアプローチ

自己診断を通じて明らかになった弱点は、具体的なアプローチで克服可能です。弱点を改善する方法は、以下の通りです。

【ターゲットトレーニング】

特定の弱点に焦点を当てたトレーニングやワークショップに参加することで、効率的にスキルを向上させることができます。例えば、「公共の場でのプレゼンテーション」や「異文化間コミュニケーションのスキルアップに特化したプログラム」などは、自分の課題に合った効果的な学びを提供します。

こうしたターゲットトレーニングは弱点を克服し、実践的な能力を強化するために最適な方法です。参加を通じて短期間でスキルを高め、プロフェッショナルな場面での自信を持つことができます。

【メンターやコーチとのセッション】

経験豊富なメンターやコーチとの一対一のセッションを通じて、個別の課題に応じたフィードバックやサポートを受けることができます。これによって具体的な状況に合わせたアドバイスが得られ、自己改善のための効果的な方法を見つけることが可能です。

メンターやコーチとの対話は、スキル向上やキャリアの成長に向けた実践的な支援となり、目標達成に向けたサポートを提供します。

【ロールプレイとシミュレーション】

実際のコミュニケーションシナリオを模倣した練習を通じて、特定のスキルを強化します。職場でのプレゼンテーションや交渉の場面を再現し、実際に直面するであろう状況でスキルを試すことで、実践的な対応力を養います。

この練習によってリアルな環境でも自然にスキルを適用できるようになり、プレッシャーの中でも自信を持って行動できるようになります。フィードバックを受けながら繰り返し実践することで、コミュニケーションや問題解決能力が確実に向上します。

継続的な改善のためのフィードバック活用

コミュニケーションスキルの継続的な改善には、定期的なフィードバックの活用が欠かせません。フィードバックを最大限に活用する方法は、以下の通りです。

【360度フィードバックの導入】

上司・同僚・部下からのフィードバックを組み合わせることで、多角的な視点からの評価を得ることができます。これによって自己認識のギャップを縮め、全方位からの改善点を把握できます。

【定期的なフィードバックセッションの設定】

定期的にフィードバックを受けることで進捗を確認し、必要に応じて学習計画を調整します。これによって、継続的な成長が促されます。

【ポジティブフィードバックの活用】

ネガティブな指摘だけでなく、「何がうまくいっているか」にも焦点を当てることで、モチベーションを維持し、成功体験を増やします。

コミュニケーション能力は個人の成長と職業的成功に直結しており、その評価と改善は継続的なプロセスです。本章では、「自己診断」からはじまり、「弱点の特定と改善」「効果的なフィードバックの活用による継続的なスキルアップ」に焦点を当てました。これらのステップを踏むことで、どんな状況でも効果的にコミュニケーションを行えるようになり、個人としても組織としても成長することが期待できます。

第32章　危機管理とコミュニケーション

危機時の効果的なコミュニケーション戦略

危機時のコミュニケーションは、組織の対応能力と信頼を試す重要な瞬間です。効果的な戦略を立てることで危機を管理し、最小限のダメージで乗り切ることが可能になります。

【事前準備とプランニング】

危機発生前にコミュニケーションプランを準備しておくことが重要です。これには「ステークホルダーの特定」「メッセージングのガイドライン作成」「対応チームの設定」などが含まれます。事前の計画によって、緊急時に迅速かつ効果的な対応が可能となり、混乱や情報の誤伝達を防ぐことができます。

ステークホルダーの特定では、影響を受ける可能性のあるすべての関係者をリストアップし、それぞれに適切な情報を提供する方法を決定します。メッセージングのガイドライン作成では、一貫性のある正確な情報を提供するための基準やテンプレートを策定します。対応チームの設定では、各メンバーの役割と責任を明確にし、連絡体制や意思決定プロセスを確立します。

これらの準備を通じて、組織全体での迅速な情報共有と効果的な危機管理が実現します。

【迅速な情報提供】

危機が発生した際には、速やかに関係者に情報を提供します。情報の透明性を保ちつつ、正確で信頼できる情報を伝えることで、不安や憶測を抑えることができます。

【一貫性のあるメッセージ】

異なるチャンネルやステークホルダーに向けても、メッセージの一貫性を保つことが信頼維持には不可欠です。一貫性のある情報提供は混乱を最小限に抑え、組織の統制を保つのに役立ちます。

ストレス下での冷静な対話

危機時は高いストレスのもとで迅速な判断が求められるため、冷静な対話を保つことが極めて重要です。以下の方法で、冷静さを保ちながら対話を行うことができます。

【感情の管理】

ストレスがかかる状況では感情が高ぶりやすくなり、冷静な判断が難しくなることがあります。そのため呼吸法や短い休憩を取り入れることで感情をコントロールし、冷静さを保つことが重要です。深呼吸やリラックス法を実践することで心を落ち着かせ、状況に応じた理性的な対話が可能になります。また、短時間の休憩を挟むことで頭をクリアにし、感情的な反応を抑えて、より建設的な対応ができるようになります。こうした感情のコントロールが、危機対応の際には不可欠です。

感情的になりすぎると誤解やトラブルが生じやすく、結果的に問題がさらに複雑になることもあります。そのため、冷静で理性的な対話を心がけることが危機対応の質を高め、円滑な解決につながります。感情を上手に管理することで、より効果的な意思決定を行い、チーム全体の信頼と協力を得ることも可能になります。

【明確なコミュニケーション】

複雑で技術的な言葉づかいを避け、シンプルで明瞭なコミュニケーションを心がけます。これによってすべての関係者が正確に状況を理解し、適切な対応が可能となります。

【アクティブリスニング】

他者の意見や感情に耳を傾けることでチーム内の不安を把握し、必要に応じて支援を提供します。これがチームの結束力を保つカギとなります。

危機後の信頼回復の方法

危機を乗り越えた後の信頼回復は、組織にとって長期的な成功を左右する重要なプロセスです。信頼を回復するための方法は、以下の通りです。

【透明性の維持】

「危機の原因」「対応の詳細」「今後の予防策」などについて公開することで、透明性を保ちます。この開放性が、ステークホルダーからの信頼を再構築する基盤となります。

【継続的なコミュニケーション】

危機後も定期的に進捗報告や今後の計画を共有することで、関係者との継続的な対話を保ちます。これによって、組織が前向きに取り組んでいることを示せます。

【フィードバックの収集と対応】

ステークホルダーからのフィードバックを積極的に求め、それに基づいて改善策を講じることが信頼回復のカギです。フィードバックは改善の機会を提供し、関係者が自分たちの声が聞かれていると感じるようにします。

危機管理とコミュニケーションは、組織の持続可能性と信頼性に直接影響を及ぼします。本章では、「危機時の効果的なコミュニケーション戦略」「ストレス下での冷静な対話」「危機後の信頼回復方法」に焦点を当てました。これらの戦略を適切に実行することで、組織は危機を効果的に管理し、その影響を最小限に抑えることができます。

第33章　デザイン思考とクリエイティブ

デザイン思考の基本概念

デザイン思考はユーザーのニーズに焦点を当て、創造的かつ実用的な解決策を生み出すためのアプローチです。この思考法は、以下の5つの主要ステージで構成されています。

【共感を持つ（Empathize）】

ユーザーのニーズや問題を理解するために、ユーザーの環境に浸って観察を行います。これによって表面的な解決策ではなく、実際のニーズに根差したアイデアを生み出すことができます。

【問題を定義する（Define）】

収集した情報をもとに、具体的かつ明確な問題定義を行います。このステージでは、問題をユーザーの視点から再定義し、解決すべき真の課題を明らかにします。

【アイデアを発想する（Ideate）】

多様なアイデア生成テクニックを用いて、広範囲にわたるクリエイティブな解決策を模索します。

このフェーズでは質より量を優先し、可能な限り多くのアイデアを出します。

【プロトタイプをつくる（Prototype）】

最も有望なアイデアを選び出し、実際に手を動かしてモデルやプロトタイプ（試作品）を作成します。これによってアイデアを概念的な段階から具体的な形に落とし込むことができ、実際にどのように機能するかを視覚的に確認することが可能となります。

プロトタイプの作成は、アイデアを単なる理論ではなく、実際に評価や改善ができる実体にするための重要なステップです。モデルやプロトタイプをつくることで「アイデアが現実世界でどのように動作するのか」をテストし、欠点や改良点を発見しやすくなります。

プロトタイプは関係者やチームメンバーに対して、視覚的にわかりやすい形で説明するための強力なツールでもあります。これによってフィードバックを得る際にも、抽象的な説明よりも具体的な物があることで意見が出やすくなり、次の改善ステージに進むための指針が得られます。さらに、プロトタイプを繰り返し作成してテストを行うことで、最終的な製品やサービスがより高品質でユーザーのニーズに応えるものに仕上がる可能性が高まります。

この段階は、創造的なプロセスにおいて不可欠であり、次のテスト段階での評価がより正確に、かつ具体的に行えるようになります。

【テストを行う（Test）】

プロトタイプを実際のユーザーに使用してもらい、フィードバックを収集します。このステージで得られた情報をもとに、さらなる改善を行います。

ユーザー中心のクリエイティブアプローチ

デザイン思考の核心は、「ユーザー中心のアプローチ」にあります。以下の要素が、ユーザー中心のクリエイティブプロセスを特徴づけます。

【ユーザーの体験を最優先する】

プロダクトやサービスの設計において、ユーザーの体験を最も重要な要素と見なします。このために、デザインのすべての段階でユーザーのフィードバックと洞察を積極的に取り入れます。

【共感的観察】

ユーザーの日常生活や仕事の現場を観察し、彼らが日々どのような問題や不便さに直面しているのかを実際に体感することによって、解決策の質が大幅に向上します。このプロセスは、単にアンケートやヒアリングで得られる表面的な情報にとどまらず、より深いレベルでの理解を得るために重要です。共感的観察を行うことで、ユーザー自身が認識していない「隠れたニーズ」や「潜在的な問題」を発見することが可能となり、これが新しい解決策や革新的なアイデアの源泉となります。例えば、「ユーザーがどのように製品やサービスを使用しているのか」を観察することで、改善の余地や新たな機能の必要性を見つけることができるかもしれません。「どのように操作し、どんな困難に直面しているのか」を実際に目《ま》の当たりにすることで、より具体的な課題に対する理解が深まり、ユーザーにとって本当に役立つ解決策を考案できるようになります。また、共感的観察を通じて得られる発見は、ユーザーエクスペリエンスを向上させるだけでなく、ユーザーとの信頼関係を築く手助けにもなります。

このプロセスによって、より包括的で実用的なソリューションを開発するための道筋が明確になり、結果的にユーザー満足度の向上や製品の成功につながるのです。

【ストーリーテリング】

ユーザーの体験をストーリーとして表現することで、プロジェクトチームやステークホルダーに対して、より強い印象を与え、理解を深めます。

デザイン思考を活かした問題解決

デザイン思考を活かした問題解決は、従来の方法では見過ごされがちな革新的な解決策を提供します。以下の手法が、デザイン思考を活かした問題解決に役立ちます。

【反復的プロセス】

問題解決は一回きりのプロセスではなく、継続的な改善と反復が求められます。デザイン思考では、フィードバックをもとに何度もプロトタイピングとテストを繰り返すことで、最終的な解決策が磨かれます。

【クロスファンクショナルチーム】

異なる専門知識やスキルを持つメンバーから成るチームを編成することで、多角的な視点と多様なスキルが問題解決に活かされます。クロスファンクショナル*チームは、各メンバーがそれぞれ異なる分野での経験や知識を持っているため、単一の専門分野だけでは解決できない複雑な問題にも柔軟に対応することができます。

これによって、チーム全体でより包括的で効果的な解決策が生み出される可能性が高まります。例えば、マーケティング・営業・エンジニアリング・デザインといった異なる部門のメンバーが一緒に協力することで、製品開発の全体像を見渡し、ユーザーのニーズに合ったバランスの取れた解決策を提供することができます。また、異なる視点が加わることで、クリエイティブなアイデアが生まれやすくなり、組織全体としてのイノベーションが促進されます。

さらに、各分野の専門家が一緒に働くことで、知識やスキルの相互補完が起こり、チーム全体のパフォーマンスが向上します。特定の問題に対して一つの視点に偏らず、各メンバーが持つ異なる洞察やアプローチを結集することで、より高品質な成果を短期間で得ることが可能となります。

クロスファンクショナルチームは組織の強みを最大限に引き出し、競争力を向上させるための強力な手段です。

【リスクの管理とイノベーション】

新しいアイデアを試す際にはリスクが伴いますが、デザイン思考は小規模なプロトタイプとテストを通じてリスクを管理します。これによって、大胆なイノベーションが可能となります。

デザイン思考は単なるデザイン手法ではなく、複雑な問題を解決するための強力な思考ツールです。本章では、「デザイン思考の基本概念」「ユーザー中心のアプローチ」「問題解決への応用」に焦点を当てました。このアプローチを取り入れることで、組織はユーザーの真のニーズに応える革新的な解決策を創出できるようになります。

第34章　ストーリーテリングで伝える力を高める

効果的なストーリーテリングの技法

ストーリーテリングは聞き手に情報を記憶させ、感情に訴えかけるための強力な手法です。以下の技法を用いることで、ストーリーテリングをより効果的に行うことができます。

【はじまりに注目を集める】

ストーリーの開始部分で聞き手の注意を引きつけることが重要です。「興味深い事実」「意外な統計」「強い感情的なアピール」などを用いることで、聞き手の関心を引きつけます。

【クリアな構造を持つ】

すべての良いストーリーは、明確な「はじまり」「中盤」「終わり」を持っています。聞き手がストーリーを追いやすいように各セグメントをはっきりさせ、論理的につながるよう構築します。

【登場人物を活用する】

登場人物に感情や動機を持たせることで、ストーリーに深みを与え、聞き手が感情移入しやすくなります。リアルなキャラクター設定が、メッセージの影響力を大きく高めます。

【視覚的要素を用いる】

言葉だけでなく、視覚的要素(画像・グラフ・動画など)を組み込むことで、ストーリーの理解を助け、記憶に残りやすくします。

事例　名古屋ウィメンズマラソンのブランディング戦略

①はじまりに注目を集める

名古屋ウィメンズマラソンのマーケティングキャンペーンでは「一歩踏み出す勇気が、人生を変える」というメッセージを前面に打ち出しました。

具体例

プロモーション動画では、「マラソンに挑戦することが、自信を高める」というストーリーを展開し、参加者が自分自身の新たな挑戦としてマラソンに参加する姿を映し出しました。初めてフルマラソンに挑戦する女性の視点でストーリーを描き、多くの共感を呼びました。

②クリアな構造を持つ

ストーリーは、明確な三幕構成で構築しました。

1．はじまり

参加者が「自分にできるのか？」と不安を感じるところからスタート。

2．中盤

トレーニングの過程や周囲のサポート、挑戦への葛藤が描かれる。

3．終わり

ゴールラインを超えた瞬間の達成感、そして「次の自分への挑戦」という未来への展望が示される。

具体例

公式ウェブサイトやSNSでは、「#GO WOMEN」というハッシュタグを用い、参加者が自分のストーリーを共有できるキャンペーンを実施しました。多くの女性が自身のマラソンへの挑戦や完走の喜びを発信し、大会そのものがストーリーの起点となりました。

③登場人物を活用する

名古屋ウィメンズマラソンでは、「一般ランナー」と「著名人」のストーリーを組み合わせることで、幅広い層に共感を呼びました。

具体例

「育児中ランナーの挑戦」「50歳を迎え、人生の新たな目標として走る」など、リアルなランナーの体験談を大会公式ページで特集しました。これによって単なるスポーツイベントではなく、人生の転機としてのマラソンという印象を強化しました。また、有名な女性アスリートや芸能人が大会に参加し、「彼女たちもがんばっているから、私も挑戦してみよう」と思わせる効果を生み出しました。

④視覚的要素を用いる

映像や写真の活用により、ストーリーの没入感を高めました。

具体例

公式動画では、ゴール直後に涙を流すランナーの表情をクローズアップし、視聴者が感情移入できるように演出しました。また、公式Ｉｎｓｔａｇｒａｍでは、「完走賞を手にしたランナーが喜ぶ姿」や「沿道から応援する人たちの笑顔」など、感動的な瞬間を切り取ったビジュアルを展開しました。さらに、フィニッシュラインで待っている「ラグジュアリーブランドの完走賞」を映すことで、「最後まで走り抜けば素敵な完走賞が待っている」というストーリーが視覚的に伝わるよう工夫しました。

感情に訴える物語のつくり方

感情に訴えるストーリーは人の記憶に長く残り、行動を促す可能性が高まります。以下の方法で、感情的な共鳴を引き出す物語を作成できます。

【共感を誘う】

受け手が自身の経験と関連づけられるような状況を描写します。普遍的なテーマ（家族・友情・挑戦など）を取り入れることで、より多くの人から共感を得ることができます。

【感情的な高低を表現する】

ストーリーに感情的な起伏を持たせることで、受け手の興味を維持します。「キャラクターが直面する困難」や「苦境を乗り越えたときの喜び」など、感情の幅を表現することが重要です。

【個人的な物語を用いる】

「実際の経験」や「周囲の人々の体験談」などを取り入れることで、ストーリーの真実味と感情的な深さを増します。

事例　名古屋ウィメンズマラソンの参加者ストーリー

①共感を誘う

名古屋ウィメンズマラソンは、多くの女性が「挑戦する勇気」を持てるようなストーリーを前面に押し出しています。この大会のマーケティングでは、「初めてのフルマラソン」「人生の転機としてのチャレンジ」といった誰もが共感できるテーマが軸となっています。

具体例

「シングルマザーの挑戦」をテーマにしたストーリーもありました。仕事と育児に追われる毎日を送っていましたが、「子どもに誇れる母親になりたい」という想いから、名古屋ウィメンズマラソンへの出場を決意したというのです。大会当日は、沿道の応援とともにゴールを迎えました。こうしたストーリーは大会関連サイトで共有され、多くの女性ランナーの共感を呼びました。

②感情的な高低を表現する

感情の起伏があるストーリーは受け手の興味を引きつけ、より深い印象を残します。特に「困難→克服→達成感」という流れを持つ物語は、感動を生みやすくなります。

具体例

ある参加者は80歳を過ぎた高齢ランナーで、「一般的に完走することは難しい」と誰もが思っていました。しかし、練習を重ね、「完走」を目標に名古屋ウィメンズマラソンに挑戦したのです。レース当日、彼女は「自分の限界を超える」ことを目指し、一歩ずつ足を前へ進めます。最終的に制限時間ギリギリでゴールするシーンが感動的に取り上げられ、観客の拍手に包まれながら涙を流す彼女の姿は、多くの人に勇気を与えました。

③個人的な物語を用いる

リアルな体験談はストーリーの真実味を増し、より強く感情に訴えかけます。特にイベントやキャンペーンでは、実際の参加者の声を取り入れることで、より深い共感を得ることができます。

具体例

名古屋ウィメンズマラソンでは、「人生の転機を迎えた女性たちのストーリー」を特集しました。「40歳を迎え、何か新しい挑戦をしたいと考えた女性」や「病気と戦いながらも、走れる喜びを噛《か》みしめる女性」の体験談を特集したこともあります。これらのストーリーは、テレビや新聞などでも発信され、同じような境遇にいる女性たちに勇気を与えるとともに参加を後押しする重要な役割を果たしました。

ストーリーでメッセージを伝える

ストーリーを通じてメッセージを伝えることは、単に情報を提供する以上の効果を持ちます。メッセージを効果的に伝えるための戦略は、以下の通りです。

【明確なメッセージを持つ】

ストーリーの「伝えたい中心的なメッセージ」を明確にし、それを補強するエピソードや事例を選びます。ストーリーの各要素が、この中心的なメッセージを強調し、一貫性を持って伝わるように構築することが重要です。

【教訓を提供する】

受け手がストーリーから具体的な教訓や行動指針を得られるようにします。これによってストーリーがより影響力を持ち、受け手に持続的な印象を与えることができます。

【繰り返しと強調】

重要なポイントはストーリーの中で複数回繰り返すことで、受け手に強く印象づけます。このテクニックは、メッセージの記憶と理解を深めるのに効果的です。

事例　名古屋ウィメンズマラソンのブランディングストーリー

①明確なメッセージを持つ

名古屋ウィメンズマラソンは、「すべての女性の挑戦を応援する」という明確なメッセージを軸にしています。この大会は、単なるスポーツイベントではなく、女性が挑戦し、新たな自信を得る場として設計されています。

具体例

大会のプロモーションでは、「走ることで、自分を変えることができる」というテーマのストーリーを展開しています。過去にこれといった運動をしたことがなかった女性が、名古屋ウィメンズマラソンを目標にトレーニングを開始し、完走するまでの過程を描いたキャンペーンは、多くの女性に共感を与えました。彼女のストーリーは公式サイトやＳＮＳで紹介され、「私も挑戦してみたい」と思う女性ランナーが増えました。

②教訓を提供する

ストーリーは受け手にとって「自分ごと」として感じられると、行動を促す力を持ちます。名古屋ウィメンズマラソンでは、「失敗や苦労を乗り越えた経験」を共有することで、受け手に教訓を提供しました。

具体例

大会の関連サイトには、さまざまな背景を持つ女性ランナーのストーリーが組み込まれています。

★キャリアに悩み、自分の限界に挑戦するためにエントリーした女性。
★病気を克服し、「走る喜び」を噛みしめながら参加する女性。
★仲間とともに初めてのフルマラソンに挑む女性。
それぞれのストーリーには、「挑戦することが成長につながる」「失敗してもまた立ち上がれる」といった普遍的な教訓が含まれています。これによって受け手は自身の人生に置き換えて考えることができ、次の行動につなげる動機となりました。

③繰り返しと強調

ストーリー内で重要なメッセージを繰り返し強調することで、受け手に深く印象づけることができます。

具体例

名古屋ウィメンズマラソンのスローガン「GO WOMEN」は、さまざまなプロモーションやイベントの中で繰り返し登場します。
★完走賞に「GO WOMEN」の刻印を入れる。
★フィニッシュラインのゲートに「GO WOMEN」を掲示する。
★大会の各種ビジュアルには常に「GO WOMEN」を入れる。
参加者はこのフレーズを繰り返し目にすることによって、自分の中でより強く意識するようになり、当日のレースへのモチベーションが高まります。

ストーリーテリングは、コミュニケーションの強力なツールであり、人々の心に深く響くメッセージを伝える方法です。本章では、「効果的なストーリーテリングの技法」「感情に訴える物語のつくり方」「ストーリーを通じてメッセージを伝える方法」に焦点を当てました。これらの技術をマスターすることで、あらゆるプレゼンテーションやコミュニケーションがより影響力を持ち、相手に深く訴えかけることができるようになります。

第35章　パブリック・スピーキングのスキル

大勢の前で話す技術

パブリック・スピーキングは、多くのプロフェッショナルにとって必須のスキルです。大勢の前で効果的に話すための技術は、次のように構築されます。

【事前準備の徹底】

スピーチの成功は準備にかかっています。「内容の研究」「スクリプト（台本・シナリオ）の作成」「十分なリハーサル」を通じて、自信を持って話せるようにします。プレゼンテーションの流れを頭に入れ、伝えるポイントを明確にします。

【視覚的サポートの利用】

「パワーポイントプレゼンテーション」「チャート」「動画」などを利用して、話の内容を強化します。視覚的要素は受け手の理解を助け、メッセージを記憶に残りやすくします。

【ステージプレゼンスの練習】

スピーチやプレゼンテーションにおいて、身体言語やジェスチャーは重要な要素であり、これらが話し手のメッセージに強さと説得力を加えます。そのため、「ポジショニング（立ち位置）」「手の動き」「視線のコントロール」などを意識的に練習することが必要です。

スピーチをする際、「どこに立つか」「どのように体を動かすか」によって、聞き手の注意を引きつける効果が大きく変わります。手の動きやジェスチャーも、ポイントを強調したり、感情を伝えたりするための重要な要素となります。視線のコントロールは、聞き手とのつながりを深め、信頼感を築くために不可欠です。特に大勢の前で話す場合、目線をうまく使い分け、複数の人々に対して目を合わせることで、聞き手全体に対する一体感を演出できます。

また、これらの要素を練習する際には、ただ機械的に動作を行うのではなく、自然体でいながらもエネルギッシュに話すバランスを見つけることが重要です。自分の体の動きを過度に抑えずに、スピーチの内容に合わせて感情豊かに動くことは、聞き手に対するインパクトを増強します。さらに、エネルギーを持ちながらもリラックスした姿勢を保つことで聞き手に安心感を与え、メッセージがより効果的に伝わるでしょう。

このように、ステージプレゼンスを高めるための練習は、成功するスピーカーになるための重要な要素であり、時間をかけて磨いていくべきスキルです。

プレゼンスとカリスマを高める

パブリック・スピーキングにおいてプレゼンスとカリスマ*は、聞き手の注目を集め、メッセージを響かせるために不可欠です。これらを高める方法は、以下の通りです。

【声のトレーニング】

「はっきりとした発声」と「適切な声のトーン」は、プレゼンテーションをより力強く、説得力のあるものにします。単に言葉を伝えるだけでなく、声の使い方によってメッセージの効果を大きく変えることができるのです。

声のトレーニングでは発音を明確にし、言葉の一つひとつを正確に伝えることが基本となります。はっきりとした発声は、聞き手が話を理解しやすくなるだけでなく、話し手に対する信頼感も高めます。また、声のトーンを適切に調整することで、感情や熱意を伝えやすくなり、プレゼンテーションの全体的な印象が大きく向上します。

声の高低・速度・強弱などを意識的に変化させることで、聞き手の注意を引きつけ、保持することが可能です。単調な話し方では聞き手の興味が薄れてしまいますが、声に抑揚をつけることで、重要なポイントを強調したり、緊張感や期待感をつくり出したりすることができます。

例えば、スピーチの中で感情的な場面やクライマックスに差しかかった際には、声を低めにしてゆっくりと話すことで、聞き手に深い印象を与えます。逆に、興奮や感動を伝える場面では、声を高め、テンポを速めることで、エネルギーとダイナミズムを加えることができます。

声のトレーニングを通じて、聞き手の関心を引きつけながら効果的にメッセージを伝えるスキルを磨くことは、優れたスピーカーにとって不可欠な要素です。

【自信の表現】

自信はカリスマを生む重要な要素です。確信を持って話すことで、聞き手はスピーカーの言葉に信頼感を持ちます。自信を内面から養うためには、「成功体験を思い出す」「自己肯定的なアファーメーション*を行う」などのテクニックが有効です。

【感情的な共感を呼び起こす】

物語を語ることで聞き手の感情に訴えかけ、カリスマ的な影響力を発揮します。ストーリーテリングを用いて、聞き手との強い感情的な結びつきをつくることができます。

聞き手を引き込むスピーチのコツ

聞き手を引き込むスピーチは、単に情報を伝える以上の効果を生み出します。以下のコツを用いて、聞き手を魅了するスピーチを実現します。

【相互作用を取り入れる】

質問を投げかけたり、聞き手の意見を求めたりすることで、インタラクティブな環境をつくり出します。これによって聞き手はより関与しやすくなり、情報の受け取りが活性化されます。

【ポイントを明確にする】

スピーチの主要なポイントを明確にし、それを繰り返して強調します。これによって、聞き手が持ち帰るべき核心的なメッセージが明確になります。

【感情を動かす言葉を選ぶ】

言葉の選び方一つで、スピーチの感動や説得力は大きく変わります。「何気ない言葉を使うか」あるいは「感情に訴える強い表現を使うか」で、聞き手への影響は大きく異なります。

言葉には力があり、特に感情的なつながりを持たせることで、聞き手の心に響くメッセージを伝えることができます。感動的なスピーチは、「感情を引き出す適切な言葉を選ぶ」ことで初めて成り立つものです。

例えば、「がんばる」という平凡な言葉を使う代わりに、「全力で挑む」「絶対にあきらめない」といったより力強い表現を用いれば、聞き手に与える印象ははるかに強くなります。また、感情に訴える言葉や比喩を取り入れることで、よりビジュアル的で感覚的なイメージをつくり出すことができ、聞き手を話に引き込むきっかけとなります。さらに、強い表現を適切に使うことで、メッセージの強弱を効果的にコントロールし、聞き手に感情的な起伏を提供することができます。

感情を動かす言葉を選ぶことは、単に美しいフレーズを使うだけではなく、聞き手が共感できるような体験や価値観に触れることでもあります。共通の経験・希望・恐れなどに言及することで、聞き手とのつながりを深め、心に残るメッセージを形成することができます。

感情的な言葉を戦略的に選ぶことによって、スピーチは単なる情報提供ではなく、心に響く力強いメッセージへと変わります。

パブリック・スピーキングのスキルは、プロフェッショナルな場面だけでなく、日常生活においても価値があります。本章では、「大勢の前で話す技術」「プレゼンスとカリスマの向上」「聞き手を引き込むスピーチのコツ」に焦点を当てました。これらの技術を磨くことで、あらゆるスピーカーが自信を持って、影響力のあるプレゼンテーションを行うことができるようになります。

上級編

発想力や伝達力を使いこなすには

第36章　チームビルディングとコミュニケーション

効果的なチームコミュニケーションの方法

チームの成功は、コミュニケーションの質に大きく依存します。効果的なチームコミュニケーションを実現するための方法は、以下の通りです。

【明確なコミュニケーションチャネルの確立】

チームメンバーが透明性を持って情報を共有し、疑問を容易に解消できるよう適切なコミュニケーションチャネルを設定します。これには「定期的なミーティング」「効果的なデジタルツールの使用」「オープンドアポリシーの導入」が含まれます。

【アクティブリスニングの奨励】

チームメンバーが互いに意見を尊重し、理解を深めるためにアクティブリスニングを実践します。これによってチーム内の信頼感が強化され、より創造的なアイデアが生まれやすくなります。

【フィードバック文化の構築】

定期的なフィードバックを通じてチームの強みと弱点を評価し、継続的な改善を促進します。「ポジティブなフィードバック」と「建設的な批評」がバランス良く行われることが重要です。

チームの連携を強化するための技術

チームの連携を強化することは、全員が一丸となって目標に向かうためのカギです。連携を促進するための技術は、以下の通りです。

【共有目標の設定】

チーム全員が共有する明確な目標を設定します。これによって「個々の行動が大きな目標に対してどのように寄与しているか」が理解され、モチベーションの向上が期待できます。

【役割と責任の明確化】

チームメンバーの一人ひとりの役割と責任を明確にすることで「誰が何を担当しているのか」がはっきりし、重複や誤解を避けることができます。

【チームビルディング活動の実施】

定期的なチームビルディング活動を通じて「チームメンバー間の社交的な絆」を強化し、業務外での信頼関係を築くことが重要です。こうした活動を定期的に取り入れることで、日常の業務とは異なるリラックスした環境でメンバー同士が交流し、互いのパーソナリティや強み・弱みを理解することができます。

このような活動は、普段の業務中には見えにくいメンバーの一面を知る良い機会となり、チーム全体の結束力を高めるための効果的な手段と言えます。例えば、「アウトドアのアクティビティ」や「ゲーム形式の課題解決演習」などを通じて、コミュニケーションや協力のスキルを自然に鍛えることができます。

こうした非公式な場面での交流は、日常の業務上の役割を超えて、メンバー同士の信頼関係を築くための基盤を提供します。この信頼関係は、実際の業務に戻った際に、よりスムーズな協力やチームワークを生み出す要因となります。

また、チームビルディング活動は、メンバー同士が共通の目標を持ち、互いにサポートし合う姿勢を強化するためにも重要です。互いの役割を理解し、問題解決やアイデアの共有がより円滑になることで、仕事中のコミュニケーションが向上し、全体的な生産性が上がります。

こうした活動の実施によってチーム全体が一丸となって取り組む姿勢が醸成され、仕事においても協力しやすい環境がつくられます。

チームダイナミクスとクリエイティブな協働

クリエイティブな協働は、チームダイナミクス＊に大きく依存しています。以下の方法で、クリエイティブな協働を促進します。

【多様性の尊重】

チーム内の多様性を理解し、それぞれの背景やスキルがチームのクリエイティブなアウトプットにどのように貢献するかを認識します。多様な視点は新しいアイデアと解決策を生み出す源泉です。

【コラボレーションの促進】

プロジェクトにおいて、メンバーが互いにアイデアを出し合い、自由に評価し合える環境をつくることが、成功するコラボレーションの基盤となります。各メンバーが安心して自分の意見を共有できるオープンで支援的な雰囲気を構築することは、チーム全体の創造力を高め、新しいアプローチを試みようとする勇気を引き出します。

このような環境では、メンバーは批判を恐れずに斬新なアイデアを提案でき、それがチーム全体の成長につながります。例えば、ブレインストーミングセッションを設け、全員が積極的に参加できるよう促すことで、異なる視点やアイデアが交差し、革新的な解決策が生まれやすくなります。

こうしたコラボレーションのプロセスでは、意見がぶつかり合う場面もあるかもしれませんが、それもまた、より強力な解決策を見つけるためのプロセスの一部です。リーダーやチームの全メンバーが積極的に支援し合い、リスクを取る姿勢を評価する文化を育むことで、結果としてプロジェクト全体のパフォーマンスが向上します。

アイデアを単に出し合うだけでなく、それぞれのアイデアが「どのようにチームやプロジェクト全体に貢献できるか」を評価する機会を設けることも大切です。互いにフィードバックを提供し合うことでアイデアを洗練させ、実行可能なプランに落とし込むことができます。

こうしたプロセスを通じて、メンバー全員が責任感を持ちながらプロジェクトの成功に貢献できる環境を整えることができるのです。

【対立の健全な管理】

対立はチームの中で避けられない場合があり、その発生を完全に防ぐことは難しいかもしれません。ただ、それを健全な議論として管理することが、チームの成熟とアイデアの質の向上につながります。

対立は一見するとネガティブに捉えられがちですが、適切に管理されることで、クリエイティブな協働の場において重要な役割を果たします。対立の中から新しい視点が生まれ、異なる意見やアプローチが融合することで、最終的により革新的で優れたアイデアや解決策が導き出されることが多いからです。

チームメンバーが意見を交わし合う中で生じる対立を建設的に解決する方法を学び、それを適用することは、効果的なコミュニケーションと協力体制を築く上で不可欠です。まず、対立が発生した際には、個々の意見や感情を尊重しつつ、冷静かつオープンな態度で話し合うことが重要です。感情的な反応や一方的な主張を避け、相手の意見に対して共感的に耳を傾けることで、対立をポジティブな議論に変えることができます。

また、対立を解決するプロセスでは、双方が納得できる妥協点を見つけ、解決策を導き出すことが必要です。建設的な対話を通じて意見の違いを理解し合い、チーム全体が合意に達することで、協働作業がスムーズに進むだけでなく、メンバー間の信頼関係も強化されます。このようなプロセスを通じて、チーム内での健全な対立管理が常に行われることで、組織全体のクリエイティブなパフォーマンスも向上します。

対立を恐れるのではなく、むしろそれを効果的に活用することが、チームの成長やプロジェクトの成功に直結する要素であると言えます。

効果的なチームビルディングとコミュニケーションは、組織の成功に直接的な影響を与えます。本章では、「効果的なチームコミュニケーションの方法」「チームの連携を強化する技術」「チームダイナミクスとクリエイティブな協働」に焦点を当てました。どの組織もこれらの原則を適用することで、より協力的・創造的・生産的なチームを育成することができます。

第37章　イノベーションを生み出す組織文化

クリエイティブを支える組織文化の構築

組織文化はイノベーションの土壌を形成し、クリエイティブな発想を「促進するか」「阻害するか」のどちらかです。イノベーションを生み出す組織文化を構築するための要素は、以下の通りです。

【失敗の許容】
イノベーションはリスクと試行錯誤を伴います。失敗を学習の機会と捉え、失敗を許容する文化が必要です。これによってチームメンバーは新しいアイデアを試すことに、より積極的になります。

【オープンなコミュニケーション】

アイデアや意見が自由に交わされるオープンなコミュニケーション環境を確立します。この環境は、異なる部門や階層間の壁を低減し、多様な視点の統合を促進します。

【連続的な学習と発展】

常に最新の知識を追求し、従業員のスキルアップを支援することで、組織全体のクリエイティブポテンシャルを高めます。定期的な「トレーニング」「ワークショップ」「セミナー」がこれを支えます。

イノベーションを促進するためのリーダーシップ

イノベーションを促進するためには、リーダーシップが中心的な役割を果たします。リーダーに求められる資質と行動は、以下の通りです。

【ビジョンの提示】

リーダーはクリアで魅力的なビジョンを提示し、それを実現するための戦略と目標を明確にします。このビジョンが、イノベーションへの取り組みを導き、メンバーのモチベーションを高めます。

【エンパワーメント】

メンバーに権限を委譲し、自主性と責任感を促します。リーダーはサポートとリソースを提供し、メンバーが自身のアイデアを自由に実行できる環境をつくり出します。

【インスピレーションの提供】

チームを鼓舞し、イノベーションの価値とその成果を際立たせることで、組織全体のエネルギーを高めます。これには「成功事例の共有」や「イノベーションを祝うイベントの開催」が含まれます。

組織内の創造力を引き出す方法

組織内での創造力を最大限に引き出すには、メンバー個々の潜在能力を理解し、それを活かすことが重要です。以下の方法が効果的です。

【多様性の促進】

異なる背景を持つメンバーを積極的に採用し、多様なアイデアや視点を組織内に取り入れます。これによって、創造的な解決策が生まれやすくなります。

【クロスファンクショナルチームの形成】

異なる専門知識を持つメンバーが協力するチームを組織し、困難な問題に対する革新的なアプローチを促します。これによって、組織の創造力は飛躍的に向上します。

【創造的な空間の提供】

メンバーがリラックスしてアイデアを練ることができる「創造的な空間」を提供します。快適な休憩スペースや自由に使える

ホワイトボードなどが、思考の自由を促進します。

イノベーションを生み出す組織文化は、「戦略的なリーダーシップ」「効果的なコミュニケーション」「創造性を重視する環境」から成り立っています。本章では、「イノベーションに必要な組織文化の構築」「リーダーシップの役割」「具体的な創造力の促進方法」に焦点を当てました。これらの原則を組織内で実践することにより、持続可能なイノベーションと成長を達成することが可能となります。

第38章　コミュニケーションテクノロジーの進化と対応

新しいコミュニケーションツールの理解

コミュニケーションテクノロジーは急速に進化しています。これに伴ってプロフェッショナルや組織は常に最新のツールを理解し、適応する必要があります。新しいコミュニケーションツールを理解するための主要なステップは、以下の通りです。

【継続的な学習】

新技術に対する知識を常に更新するためには、継続的な教育とトレーニングが必要です。「ウェビナー（ウェブセミナー）」「オンラインコース」「ワークショップ」などを利用して、最新のツールやプラットフォームに精通します。

【ピアレビューとケーススタディ】

他業界のプロフェッショナルの経験から学ぶことも重要です。ピアレビュー*やケーススタディを通じて、特定のツールが実際の業務で「どのように使用されたか」「どのような結果をもたらしたか」を理解します。

【テストと評価】

新しいツールを導入する前に、実際の業務環境でテストを行い、その効果と適用性を評価します。これによってリスクを管理しつつ、技術の導入を進めることができます。

デジタルコミュニケーションの効率的な活用

デジタルコミュニケーションツールは、コミュニケーションの速度と範囲を大きく変革しました。これらのツールを効率的に活用する方法は、以下の通りです。

【適切なツールの選択】

コミュニケーションの目的と内容に応じて最適なツールを選択します。例えば、短い情報交換には「インスタントメッセージング」を、詳細なプロジェクトの議論には「オンライン会議」を利用します。

【統合コミュニケーションプラットフォームの導入】

複数のコミュニケーションツールを一元管理できるプラットフォームを導入することで、情報の一貫性を保ち、効率を向上させます。これによってチーム間のコミュニケーションの障壁を低減し、生産性を高めます。

【デジタルエチケットの遵守】

デジタルコミュニケーションにおいても、適切なエチケットを守ることが重要です。クリアで尊重あるコミュニケーションを心がけることで、プロフェッショナルな関係を維持します。

テクノロジーが変える未来のコミュニケーション

テクノロジーはコミュニケーションの未来を大きく変えつつあり、それが社会やビジネスにもたらす変革を理解することがますます重要になっています。

【リアルタイムコミュニケーションの強化】

新技術はリアルタイムでのコミュニケーションをより簡単でアクセスしやすいものにしています。これによって地理的な障壁が低減され、即座にグローバルなコラボレーションが可能になります。

【AIの統合】

AI（人工知能）の進化は、企業や組織におけるコミュニケーションのあり方を根本的に変える力を持っています。AIは、これまで手作業で行われていたコミュニケーションプロセスを自動化し、より効率的でスピーディーな情報伝達を可能にするだけでなく、顧客一人ひとりに合わせたパーソナライズされた対応を提供することを可能にします。これによって組織は従来よりも少ないリソースで、より多くの顧客に対して高品質なサービスを提供することができます。

AIの統合は「チャットボット」や「バーチャルアシスタント」の形で、顧客サービスの第一線においての役割に飛躍の可能性があります。24時間体制でのカスタマーサポートが実現し、顧客は時間を問わず即座にサポートを受けることが可能になります。

さらに、AIは自然言語処理を活用して顧客の質問やニーズを迅速に理解し、適切な情報やサービスを提供するため、顧客サービスの幅の向上が期待できます。従来のように大量のデータを手動で処理する必要がなくなるため、コミュニケーションの効率も向上する可能性を秘めています。

AIは顧客とのインタラクション（やり取り）データを分析することで、将来的なニーズや行動を予測し、プロアクティブな（先取りする）サービスを提供するための新たな機会を創出することもできます。例えば、過去の購入履歴や問い合わせ内容をもとに、顧客が次に必要とする商品やサービスを提案することが可能です。これによって企業は顧客に対してよりパーソナライズされた提案あるいは体験を提供し、ロイヤルティの向上や売上の増加を図ることができます。

AIの統合は、単なる効率化の手段を超え、ビジネスの成長を促進するためのツールとして、その重要性を増しています。

【プライバシーとセキュリティの重要性の増大】

デジタルコミュニケーションの増加は、データのプライバシーとセキュリティの課題も引き起こします。これに対応するためには、高度なセキュリティ対策と倫理的なデータ管理が求められます。

コミュニケーションテクノロジーの進化は、組織や個人にとって多くの機会を提供すると同時に、新たな課題も生じさせます。本章では、「新しいコミュニケーションツールの理解」「デジタルコミュニケーションの効率的な活用」「テクノロジーがもたらす未来のコミュニケーションの変化」に焦点を当てました。テクノロジーの進化に効果的に対応し、その利点を最大限に活かすことが重要です。

第39章　マインドフルネスとクリエイティブ

マインドフルネスが創造力に与える影響

マインドフルネスは「現在の瞬間に注意を集中し、評価や判断をせずに体験を観察する心の状態」を指します。この実践がクリエイティブなプロセスに与える影響は計り知れません。

【新しい視点の開発】

マインドフルネスは、常に「今ここ」に意識を向けることを促します。この状態では、日常的な思考パターンや無意識の反応から離れ、新しい視点で物事を見ることが可能になります。これまで気づかなかった発想や未探索のアイデアへとつながります。

【感性の敏感化】

マインドフルネスによって感覚が研ぎ澄まされ、環境や内面の微細な変化をより敏感に感じ取ることができるようになります。この高まった感受性はインスピレーションを受けやすくし、創造的な表現を豊かにします。

【心の解放と自由】

瞑想とマインドフルネスの練習は、精神的なクラッター（散らかっている、ごちゃごちゃしている状態）をクリアにし、心を解放します。これによって思考が自由に流れ、創造的な洞察を得やすくなります。

集中力を高めるためのマインドフルネス練習

マインドフルネスは集中力を高め、創造的作業に必要となる持続的な注意をサポートします。以下の練習が効果的です。

【呼吸に集中する練習】

瞑想の中でも基本的な手法の一つであり、深くゆっくりとした呼吸に意識を向けることで心を落ち着かせ、現在に集中する練習です。このシンプルな方法は、日々の活動の合間にも取り入れることができ、集中力の向上に役立ちます。

【歩行瞑想】

歩行中に意識的に「呼吸」「歩くリズム」「足の感触」などに注意を向けることで、動いている状態でもマインドフルネスを実践できます。これによって、日常生活の動作にも集中力を適用し、意識的な行動を促進することが可能になります。

【視覚的焦点瞑想】

一点をじっと見つめることで心を集中させる瞑想法です。外部の視覚的な刺激から離れて内面に集中し、注意力を強化する訓練になります。

ストレス管理とクリエイティブな発想

ストレスは創造的思考を阻害する一因ですが、マインドフルネスによる適切なストレス管理はクリエイティブな発想を促進します。

【ストレスの認識と受容】

マインドフルネスを通じて自身の感情や身体的な反応を観察し、ストレスを認識します。この自己認識は、ストレス源に対処するための第一歩です。

【反応ではなく対応を選ぶ】

自動的なストレス反応を超えて、意識的な対応を選択することが、マインドフルネスの練習によって可能になります。これによって、創造的な問題解決への道が開かれます。

【リラクゼーションテクニックの実践】

定期的なリラクゼーション練習（深い呼吸・瞑想）を通じて、ストレスを管理します。これによって心と体がリラックスし、クリエイティブなエネルギーが自然と湧き上がります。

マインドフルネスはクリエイティブなプロセスにおいて重要な役割を果たし、創造力・集中力を向上させるだけでなく、ストレスの軽減を促進します。本章では、「マインドフルネスが創造力に与える影響」「集中力を高めるための練習」「ストレスを管理してクリエイティブな発想を促す方法」に焦点を当てました。これらのテクニックを日常に取り入れることで、個人のクリエイティブなポテンシャルを最大限に引き出すことができます。

第40章　クリエイティブライティングの技法

創造的な文章を書くコツ

クリエイティブライティングは感情を引き出し、想像力を刺激する文章の作成技術です。創造的な文章を書くための基本的なコツを、以下に示します。

【観察力を養う】

書き手としての観察力は、細部に気を配り、日常の何気ない瞬間に潜む美しさや意味を捉える能力です。周囲の世界を敏感に観察し、それを言葉にすることからはじめます。

事例　**「名古屋を歩く」のエッセイ**

あるライターが「名古屋を歩く」をテーマにしたエッセイを書いたときのことです。単に「まちの様子を説明する」のではなく、五感をフルに活用して観察し、読者にその場にいるかのような体験を提供しました。

「市場に足を踏み入れた瞬間、焼きたてのうなぎの蒲焼の香りが鼻を突く。右手には山盛りの赤々としたトマト、左手では年配の八百屋の主人が客と談笑しながら白菜の葉を一枚ずつ丁寧に剥《む》いている」

このように具体的な描写を入れることで、読者は単なる情報ではなく、情景を視覚的に思い描くことができます。クリエイティブライティングでは、単に事実を述べるのではなく、読者がその場にいるかのような感覚を持てる表現を意識することが重要です。

【感情を込める】

共感を呼ぶには、自分自身の感情を文章に反映させることが重要です。書くことで自分の内面と対話し、その感情を共有します。

事例　感情を込めたストーリーづくり

あるスポーツ雑誌が、マラソンに参加した初心者ランナーのストーリーを特集しました。この記事では、「完走までの挑戦」を通じて読者の感情を揺さぶる工夫がなされていました。

「スタートラインに立った瞬間、心臓は早鐘のように鳴っていた。何度も辞めたいと思ったトレーニングの日々。仕事終わりに走り続けた夜道。今日、彼女は42・195キロメートルを走り切る。泣きそうな気持ちを押し殺しながら、一歩を踏み出した」

このように主人公の気持ちを描写することで、読者は単なる事実以上に「共感」し、物語に没入することができます。

【独自の声を見つける】

クリエイティブライティングにおいて、自分だけの独特な声を見つけることが、作品に個性と深みを与えるカギとなります。書くという行為は、単なる言葉の連なりではなく、その中に書き手自身の考え方や感情、視点が反映されるものです。そのため、他人のスタイルやトーンを真似ることからスタートするのは問題ありませんが、最終的には自分のスタイルとトーンを発展させることが重要です。模倣は学習の一環として役立ちますが、それだけにとどまってはいけません。

独自の声を見つけるプロセスは、自分の内面を探り、どのような表現が自分にとって自然で、どのようなテーマや感情が最も共感できるかを理解するところからはじまります。多くの作家は、初めは他者の影響を強く受けながらも、徐々に自分のスタイルを確立していきます。これは時間と試行錯誤が必要なプロセスであり、書けば書くほど独自の視点や声が明確になっていきます。自分の声を見つけることで文章に一貫性が生まれ、読者に強い印象を残すことができます。

独自の声は、文体や言葉づかいに限らず、作品全体のトーンやテーマ、視点にも影響を与えます。書き手の声がしっかりと確立されていれば、それは読者にとっても明確であり、他の作品と差別化されるポイントになります。最も重要なのは、自分自身が心地よく感じ、誠実に表現できるスタイルを見つけることです。

独自の声を持つことで、クリエイティブライティングはより個性的で魅力的なものとなり、読み手に共感や感動を呼び起こす力を持つようになります。

事例 ブレイクダンスの世界を描いた記事

ブレイクダンスの国際大会を取材したライターが、自身のユニークな視点で記事を執筆し、採用されたケースです。

「床を蹴る音、回転するシューズの擦れる音、そのすべてがリズムを刻み、バトルの舞台を支配する。観客は息を呑み、次の瞬間、ダンサーが宙を舞う。その一瞬の静寂が、彼のパフォーマンスが伝説となる瞬間だった」

このライターは、ただ「ブレイクダンスの大会があった」と伝えるのではなく、まるでその場にいるような迫力を記事で表現しました。彼の文体には、音楽的なリズムと映像的なダイナミズムがあり、それが彼自身の「独自の声」として読者に届いたのです。

ストーリーテリングを活かしたライティング

物語には人々を引きつける力があります。ストーリーテリングを文章に取り入れることで、より魅力的で記憶に残るコンテンツを作成することができます。

【構造を利用する】

すべての良い物語には明確な構造があります。「導入」「展開」「クライマックス」「結末」という流れを文章に取り入れ、物語の旅に誘《いざな》います。

事例　職人の手仕事を伝えるクラフトビールの広告

あるクラフトビールのブランドは、単なる商品の紹介ではなく、その背後にある職人のストーリーを広告に取り入れています。

★導入：小さな醸造所の片隅で、一人の職人がビールづくりに情熱を燃やしていた。
★展開：彼は何度も試行錯誤を繰り返し、理想の味を追求し続けた。そしてついに、誰もが驚く新しいフレーバーが誕生した。
★クライマックス：今、そのビールは世界中の愛好家たちに楽しまれている。
★結末：私たちのクラフトビールは、職人の夢と情熱から生まれたものです。

このようにストーリー仕立てにすることで、単なる「ビールの説明」ではなく、消費者の心に残る広告になります。

【キャラクターを生き生きと】

物語において、強いキャラクターはそのストーリーを支える重要な要素です。登場人物が単なる名前や役割を超えて個性や深みを持つことで、読者はその人物に感情移入しやすくなり、物語全体がより魅力的でリアルに感じられます。

キャラクターを生き生きと描くためには、彼らの動機や感情を丁寧に描写することが欠かせません。「どのような背景を持ち、なぜその行動を取るのか」「何を恐れ、何を望んでいるのか」などを詳細に掘り下げることで、キャラクターがより人間らしく形成され、共感を呼び起こす存在となります。

キャラクターの強さは、その一貫した個性や成長、内面的な葛藤から生まれます。読者は、キャラクターの感情や経験を通じて物語を体験し、彼らが困難に直面したり、喜びを感じたりする瞬間に感情的なつながりを感じます。例えば、登場人物の「失敗や挫折」「成功や達成感」などをリアルに描くことで、そのキャラクターが単なる架空の存在ではなく、まるで実在する人物のように感じられるのです。

キャラクターを生き生きと描写するためには、外見・言葉づかい・行動などの細部にも注意を払うことが重要です。これによって「キャラクターが物語の中でどのように周囲と関わり、成長していくのか」を表現できます。個々の登場人物が抱える内面的な葛藤や、対立する価値観が物語の中で交差することで、読者は彼らの選択や行動に対して理解と興味を持ち続けるでしょう。

キャラクターに深みを与えることは、物語全体を豊かにし、読者の心に残る強力な物語をつくり上げるための重要なステップです。

事例　**ある探偵の人物描写**

主人公の探偵を魅力的に描くことで、読者の共感を誘う例です。

「彼はいつも同じコートを着ている。タバコのにおいが染みついた古びたトレンチコート。そのポケットにはいつもガムが入っている。彼の視線は常に鋭く、相手の嘘を一瞬で見抜く。しかし、決して口に出さない。彼は、人の嘘が嫌いなのではなく、それを見抜いてしまう自分自身が嫌いだったのかもしれない」

このように単なる外見の説明にとどまらず、性格や内面の葛藤までをも描写することで、読者はキャラクターに引き込まれます。

【環境を描写する】

物語の設定は、トーンや雰囲気を形づくる重要な要素です。環境を細かく描写することで、その場にいるかのような臨場感を生み出すことができます。

事例　**「京都の竹林を歩く」の記事**

ある観光記事のライターは、京都の竹林を訪れた際の情景を詳細に描写しています。

「竹林の小道を歩くと、サラサラと葉が擦れる音が静寂の中に響く。足元には敷き詰められた玉砂利があり、歩くたびにかすかな音を立てる。細長い竹が天高く伸び、柔らかな光が隙間からこぼれる。ここに立っているだけで、時が止まったように感じる」

例えば、このような描写があると、読者は文章を読みながら視覚的なイメージを思い描くことができます。

引き込むための表現技法

注意を引き、ページをめくらせるための表現技法は、ライティングを次のレベルへと引き上げることができます。

【鮮やかな描写を用いる】

具体的かつ感覚に訴える言葉を選び、視覚・聴覚・触覚・味覚・嗅覚《きゅうかく》で情景を感じ取れるようにします。これによって、文章はよりダイナミックで印象的なものになります。

事例 **高級コーヒーの広告コピー**

高級ブランドのコーヒーを宣伝する際、味や香りの特徴をただ説明するのではなく、鮮やかな描写や比喩を活用しています。

「ひと口飲めば、南米の朝焼けが広がる。カップの中には、太陽に照らされたコーヒー農園の風が詰まっている。芳醇《ほうじゅん》な香りが、口の中で静かに踊るように広がり、余韻はまるでビロードのように滑らかだ」

このように、コーヒーの味を「太陽に照らされたコーヒー農園の風」「ビロードのような余韻」といった比喩を交えて表現することで、読者はコーヒーの風味をより深くイメージすることができます。

【比喩とメタファーを活用する】

比喩やメタファー（隠喩）を使用することで、複雑な感情や抽象的な概念を簡潔かつ強力に表現できます。これらの言葉は想像力を刺激し、強い印象を残します。

事例 **織田信長の戦略を解説する歴史講演**

歴史講演の中などでは、単に年表を追うのではなく、ダイナミックな語り口と比喩を用いることで、聴衆を引き込むことができます。

「本能寺の変。その瞬間、信長はまるで檻《おり》の中の獣《けもの》だった。四方を敵に囲まれ、退路はなく、刀を握りしめるしかなかった。炎が燃え上がる中で、彼は最後の一太刀を振るった——まるで落日の太陽が地平線へと沈むように」

このように歴史的な出来事をドラマチックな表現で語ることで、聴衆の関心を引きつけ、記憶に残るプレゼンテーションとなります。

【ダイナミックな会話を挿入する】

生き生きとした会話はペースを速め、エネルギーをもたらし、キャラクターの個性を浮かび上がらせます。会話を通じて情報を自然に提供することで、説明が多すぎるのを避け、飽きさせません。

事例　会話形式の新商品のCM

会話は、物語やビジネスコミュニケーションにおいて、情報を効果的に伝えるための強力なツールです。読者や受け手が飽きることなく内容に没入できるよう、ダイナミックな会話を取り入れることでテンポを速め、キャラクターや登場人物の個性を際立たせることができます。

商品紹介の広告に会話形式を取り入れることで、視聴者が共感しやすいストーリーに仕上げることができます。


「ねえ、新しいスマートウォッチ買ったんだって?」

「そう! これがすごく便利なんだよ。例えば、朝のランニング中に心拍数も測れるし、スマホなしでも音楽が聴ける!」

「えっ、それめちゃくちゃいいじゃん! バッテリーはどれくらい持つの?」

「なんと1週間! しかも急速充電対応だから、20分で1日分は持つんだよ」

「マジで? それなら旅行のときもバッテリー切れの心配なしだね!」


このように実際の消費者が話しているような会話を取り入れれば、自然な形で商品の魅力を伝えることができます。ダイナミックな会話を広告に取り入れることで、視聴者がより共感しやすくなり、商品の訴求力を高めることができます。

クリエイティブライティングは技術だけでなく、情熱と創造性の表現でもあります。本章では、「創造的な文章を書くコツ」「ストーリーテリングを活かしたライティング」「相手を引き込むための表現技法」に焦点を当てました。これらの技法を駆使して心を動かし、記憶に残る作品を創出することが、クリエイティブライターの究極の目標です。

第41章　問題解決のためのクリティカルシンキング

クリティカルシンキングの基礎

クリティカルシンキング＊は、情報を批判的に分析し、論理的に考え、効果的に問題を解決するための思考プロセスです。このスキルは、日常生活から専門的な環境まで、あらゆる場面で重要です。クリティカルシンキングの基本的な要素を、以下に紹介します。

【情報の分析】

与えられた情報を詳細に検討し、その情報の出所・背景・関連性などを評価します。情報の信頼性と有効性を判断することが重要です。

【論理的な推論】

問題に対する解決策を導くため、事実と証拠をもとに論理的な推論を行います。原因と結果の関係を理解し、有効な結論を導き出します。

【意思決定】

収集した情報と分析結果に基づいて、最も効果的な行動方針を決定します。これには、潜在的なリスクと利益を考慮に入れることが含まれます。

論理的思考とクリエイティブの統合

クリティカルシンキングは「論理的思考」と「クリエイティブな思考」を統合することで、より効果的な問題解決が可能になります。この統合を促進する方法は、以下の通りです。

【多角的なアプローチ】

問題をさまざまな角度から見ることで、新しい洞察や解決策が見えてきます。異なる視点を持つ人々と協力し、アイデアを組み合わせて新たな解決策を生み出します。

【仮説のテスト】

創造的に生成された仮説やアイデアを実際に試し、その効果を評価します。この試験的なアプローチは、実用的な解決策へと進化させることができます。

【反復的な評価と改善】

論理的なフィードバックとクリエイティブな入力を組み合わせて、解決策を継続的に評価して改善します。このプロセスは、問題解決策の質を高めるのに役立ちます。

誤りを避けるための思考技術

クリティカルシンキングには、誤りを避け、合理的な判断を下すための技術が必要です。以下の技術は、思考過程での誤りを最小限に抑えるのに役立ちます。

【バイアスの認識と制御】

人間は無意識のうちに認知バイアスの影響を受けやすく、これが思考や判断に大きな影響を与えます。バイアスとは、過去の経験や固定観念、文化的背景などから生じる「偏った思考パターン」です。バイアスは私たちが物事を「どのように理解し、評価するか」に影響します。例えば、ある出来事や人に対して、無意識に好意的または否定的な見方をしてしまうことがあります。こうしたバイアスは判断を誤らせる原因となり、特に重要な意思決定や分析においては、公平性を損なう可能性があります。

自分自身のバイアスを認識することが、まず第一歩です。自分がどのような先入観や偏見を持っているのかに気づくことで、無意識に影響を受ける可能性が減少します。

さらに、そのバイアスの払拭《ふっしょく》に挑戦し、固定観念にとらわれず、さまざまな視点から物事を考える努力をすることで、より公平で客観的な判断ができるようになります。例えば、特定の状況や人に対して「こうに違いない」と決めつけるのではなく、他の可能性や視点を検討し、柔軟に対応することが重要です。

バイアスを制御するためには、定期的に自分の思考プロセスを振り返り、批判的に考えることが求められます。自分の意見や結論が「根拠に基づいているのか」それとも「感情や過去の経験によって左右されているのか」を確認することが大切です。これによって自分の判断がより論理的で客観的なものになるだけでなく、他者とのコミュニケーションや意思決定のプロセスにも透明性と信頼性が生まれます。

認知バイアスに対する意識を高め、その影響を最小限に抑えることで、よりバランスの取れた分析と効果的な問題解決が可能になります。

【批判的質問】

提案された解決策やアイデアに対して、批判的な質問を行います。「このアプローチの弱点は何か」「他にどのような選択肢が考えられるか」などの質問を通じて、問題のより深い理解につながります。

【エビデンスに基づく思考】

意見や仮説を支持するエビデンス（根拠・証拠・裏づけなど）を求め、その証拠の質と関連性を評価します。証拠に基づく思考は、より確かな結論を導くのに重要です。

クリティカルシンキングは、効果的な問題解決のために不可欠です。本章では、「クリティカルシンキングの基本」「論理とクリエイティブの統合」「誤りを避けるための技術」に焦点を当てました。これらの原則を実践することで、どんな困難な状況でも合理的かつ創造的な解決策を見つけ出すことができます。

第42章　リフレクティブプラクティスで自己改善

振り返りとフィードバックの活用

リフレクティブプラクティス＊は経験から学び、行動を改善するための有効な方法です。振り返りとフィードバックの適切な活用は、このプロセスの中核を成します。

【経験の振り返り】

個々の経験を振り返ることで、「何が上手くいったのか」「何が改善点であるのか」を明確にします。このプロセスには、具体的な状況・感情・反応などを詳細に記録することが含まれます。日記やジャーナルを使って日々の反省を記述することが、深い洞察を得るための第一歩となります。

【構築的フィードバックの受け入れ】

自己改善のためには、他者からのフィードバックを積極的に受け入れることが重要です。構築的な批評は、自身の盲点に気づき、新たな視角を提供します。フィードバックを活用するには、開かれた心を持ち、防御的にならずに意見を聞くことが必要です。

自己評価と目標設定の方法

自己評価は自己認識を深め、個人的な成長と発展の基礎を築きます。効果的な自己評価と目標設定には、以下のステップが含まれます。

【SMART基準の採用】

目標設定において、効果的な結果を得るためには、目標が「具体的(Specific)」「測定可能(Measurable)」「達成可能(Achievable)」「関連性が高い(Relevant)」「時間的に定められた(Time-bound)」ものであることが重要です。このSMART《スマート》基準＊に従うことで、単なる漠然とした目標ではなく、実現可能で意味のある目標を設定することができます。

具体的な目標は「何を達成したいのか」が明確であり、「達成するための手順」がはっきりしています。例えば、「もっと運動する」という目標ではなく、「毎週3回、30分間ジョギングをする」といった具体的な形にすることで、行動に結びつけやすくなります。

測定可能な目標は進捗を追跡し、達成状況を評価するための基準を提供します。数値や具体的な成果を設定することで、目標の達成度が明確になります。

達成可能であることも重要です。現実的で無理のない目標でなければ、モチベーションが続かず、途中で挫折してしまう可能性が高くなります。目標を達成するためには、自分のリソースや時間、スキルを考慮に入れ、「現実的な範囲で挑戦できるもの」にすることが大切です。

さらに、目標は「関連性が高いもの」でなければなりません。つまり、個人や組織にとって意味のある目標であり、長期的な戦略やビジョンに沿っていることが重要です。

時間的に定められた目標は、期限が設定されているため、達成に向けた行動が具体的になります。期限があることで緊張感や責任感が生まれ、計画的に目標達成に向けた努力を続けることができます。

このように、SMART基準を採用することで、実現可能で効果的な目標を設定し、結果を出すための確かな道筋を築くことができるのです。

【定期的な自己評価】

自己評価を定期的に行うことで、自身の進捗を監視し、必要に応じて目標を調整します。自己評価には達成した成果だけでなく、その過程での学びや直面した困難も含めることが重要です。

継続的な成長を促すリフレクション

継続的なリフレクションは、個人の成長を促進し、長期的な成功を実現するために不可欠です。リフレクションを有効に行う方法は、以下の通りです。

【反省の習慣化】

毎日または重要なイベントごとに反省の時間を設けることで、継続的な自己改善のループをつくり出します。この習慣は意識的な学習と成長を促進し、過ちを繰り返すことを防ぎます。

【成果とプロセスの評価】

成果だけでなく、その過程も評価することが重要です。どのようにしてその結果が得られたのかを理解することで、効果的な方法を再現し、非効果的な方法を改善することができます。

【ピアサポートと共有】

同僚や他のプロフェッショナルと経験を共有することで、多様な視点からの洞察を得ることができます。ピアサポーターとの定期的なミーティングは、共感を深めるとともに、新たなアイデアを生み出す場となります。

リフレクティブプラクティスは、個人が自身の経験から最大限に学び、継続的な自己改善を図るための強力なツールです。本章では、「振り返りとフィードバックの活用」「自己評価と目標設定」「継続的な成長を促すリフレクションの技法」に焦点を当てました。これらのプラクティスを生活に組み込むことで、個人は自己のポテンシャルを最大限に発揮し、より充実したキャリアライフを送ることができるようになります。

応用編

工夫しだいで広がる未来

第43章　イノベーションを加速するためのコラボレーション

チーム内外での協力を促進する方法

イノベーションの加速には、チーム内外の協力が不可欠です。多様な意見とスキルの結集は、新しいアイデアの発見と問題解決に大きな力をもたらします。以下に、効果的な協力を促進する方法を示します。

【コミュニケーションの透明性を確保する】

チーム内外の協力を促進するためには、オープンでクリアなコミュニケーションが必要です。「定期的なミーティング」「共有フォーラム」「アップデートメール」などを通じて、プロジェクトの進捗や課題を随時共有します。

【共有目標の設定】

協力を促進するためには、チームメンバーや関連部署と共有する明確な目標が必要です。共有目標を設定することで、各メンバーの努力が一致し、協力的な努力が自然と行われます。

【相互依存性の強化】

プロジェクトの各フェーズで、他のチームメンバーの入力や協力が必要となるような仕組みをつくることで、自然と相互依存性が高まります。これによってチーム内外の協力が促進され、全体としての成果が向上します。

コラボレーションが生み出すクリエイティブな価値

コラボレーションは、単なる作業の分担以上の価値を生み出します。特に異なるバックグラウンドや専門知識を持つ人々が協力することで、以下のクリエイティブな価値が生まれます。

【新しいアイデアの合成】

異なる分野の専門家が協力することで、それぞれのアイデアやアプローチが組み合わさり、全く新しい解決策が生み出されることがあります。このようなシナジー（相乗作用）は、単独で作業する場合には得られない革新的な成果を導き出します。

【問題解決能力の向上】

複数の視点を統合することで、問題の深い理解が可能になって、より効果的な解決策が見つかりやすくなります。チーム内外の協力は、困難な課題に対する包括的なアプローチを可能にします。

【柔軟性と適応性の向上】

異なるスキルセットと経験を持つ人々とのコラボレーションは、変化に対する適応性と柔軟性を高めます。新しい状況や予期せぬ問題が発生した際に、迅速かつ効果的に対応できる能力が向上します。

オープンイノベーションの概念

オープンイノベーションは、組織の外部アイデアや市場を活用して新しい価値を創造し、技術開発を加速するアプローチです。この概念を取り入れることで、以下の利点があります。

【外部リソースの活用】

企業は自社内のリソースだけでなく、外部のアイデアや技術も積極的に取り入れることで、イノベーションの機会を大幅に広げることができます。これによって研究開発のコストを削減しつつ、市場への導入時間を短縮することが可能です。

【協力関係の構築】

他の企業や研究機関、スタートアップとの協力関係を築くことで、互いの強みを活かしたイノベーションが進みます。共同研究や技術ライセンスの交換は、新たな商業的機会を生み出すことがあります。

【市場との連携強化】

オープンイノベーションを通じて、消費者やクライアントから直接フィードバックを得ることができます。このリアルタイムの市場情報は、製品やサービスの改善に直接的に役立てることができます。

コラボレーションはイノベーションの加速に不可欠な要素であり、「チーム内外での協力」「クリエイティブな価値の創出」「オープンイノベーションの積極的な採用」がそのカギを握ります。本章では、これらの側面に焦点を当て、「持続可能なイノベーションを推進するための戦略と方法」を紹介しました。このようなアプローチは、組織がより競争力のある未来を切り拓くための基盤となります。

第44章　感情知能とリーダーシップ

感情知能を活かしたリーダーシップ

感情知能（EQ）は、自己の感情と他人の感情を理解し、適切に管理する能力です。このスキルをリーダーシップに活かすことで、「チームの動機づけ」「関係構築」「危機管理」などが効果的に行えます。

【自己認識の強化】

リーダーとして自身の感情を理解し、それが行動や決定にどのように影響しているかを自覚することが重要です。この自己認識は感情的な衝動に流されることなく、冷静な判断を下すための基盤となります。

【共感の力】

チームメンバーの感情を察知し、理解する能力を持つことは、信頼関係の構築に不可欠です。共感を示すことでメンバーは自分が尊重されていると感じ、自己表現がしやすくなります。

【感情のコントロール】

感情的な自制心を持ち、緊張した状況下でもポジティブな影響を及ぼすことができるリーダーは、チームの士気を高め、生産性を向上させます。

チームの感情を理解し導く方法

感情知能の高いリーダーは、チームの感情を適切に管理し、ポジティブな環境を育成する方法を知っています。

【感情のオープンなコミュニケーション】

チーム内で感情についてオープンに話し合う文化を促進します。これによってストレスや不安を減少させ、チームの一体感を高めます。

【感情を活用したモチベーション】

メンバーの感情を理解し、それに基づいて動機づけを行います。個々の感情を尊重することで、メンバーの献身性と努力を引き出すことができます。

【コンフリクトの感情的管理】

衝突や対立が発生した際には、感情知能を活用することが重要です。感情知能を駆使することで、感情的なダメージを最小限に抑え、より建設的で前向きな解決を図ることが可能になります。

対立や衝突が生じると、人々は感情的に反応することが多く、それがさらに問題を複雑化させる場合があります。こうした状況をうまく管理するためには、感情のコントロールや他者の感情に対する理解が欠かせません。

まず、問題の本質をしっかりと理解し、単なる表面的な意見の対立ではなく、その背後にある根本的な要因に焦点を当てることが重要です。衝突の原因を正確に見極めることで、感情的な反応に振り回されることなく、冷静に問題を解決するためのステップを踏むことができます。

また、各メンバーの感情に敏感に対応することによって、対立の中でも人間関係が損なわれることなく、互いの意見を尊重しながら協力して解決策を見つけることができます。感情知能を活用することで、単に感情を抑えるのではなく、適切に表現しながら対話を進めるスキルも求められます。

対立の場面では、メンバーが自分の感情や不安を適切に伝えられる環境をつくることが大切です。これによって感情が抑えられて蓄積するのを防ぎ、よりオープンで誠実なコミュニケーションが促進されます。

感情的な対立を乗り越えるためには、共感の姿勢を持ちながら、他者の視点や感情に対して理解を示すことが不可欠です。感情的な側面をうまく管理することで、衝突が単なる対立で終わらず、チーム全体の成長や結束力の向上につながる機会となることもあります。感情的な衝突を建設的に解決するためのスキルは、チームリーダーやメンバー全員にとって貴重な能力であり、職場や人間関係の中で大きな成果をもたらすでしょう。

感情知能の向上

感情知能は訓練によって向上させることが可能です。以下は、そのスキルを磨くための戦略です。

【自己反省の実践】

定期的な自己評価を通じて、感情のトリガーと反応を理解します。この過程で、どのような状況がストレスや怒りを引き起こすかを識別し、対処方法を学びます。

【フィードバックの積極的収集】

信頼できる同僚やメンターからのフィードバックを求め、自己の感情的反応についての洞察を深めます。フィードバックは自己認識を高め、行動の改善につながります。

【瞑想とマインドフルネスの練習】

定期的な瞑想やマインドフルネスの実践を通じて、心の静けさを保ち、感情的な衝動を管理します。これによって感情的な自制心が強化され、ストレス耐性が向上します。

感情知能はリーダーシップにおいて価値のある資質です。本章では、「感情知能を活かしたリーダーシップ」「チームの感情を理解して導く方法」「感情知能の向上」に焦点を当てました。これらの原則を実践することで、リーダーはチームをより効果的に率い、組織全体のパフォーマンスを向上させることができます。

第45章　ビジュアルコミュニケーションの力

画像や動画を用いた効果的なメッセージ伝達

視覚メディアは、言葉では伝えきれない情報や感情を瞬時に伝える強力な手段です。画像や動画を効果的に活用することで、メッセージの鮮明さが増し、印象に残りやすくなります。

【適切なビジュアルの選択】

メッセージに合わせて、影響力のある画像や動画を選びます。目的に応じて情報を視覚化することで、受け手の理解を助け、感情的な反応を引き出すことが可能です。

【品質とプロフェッショナリズムの維持】

高品質のビジュアルコンテンツを使用することによって、プロフェッショナルな印象を与え、メッセージの信頼性を高めます。鮮明でクリアな画像や高解像度の動画は、注意を引きつけ、関心を持続させます。

【感情的なエンゲージメント】

ビジュアルは感情に訴える力が強く、特にストーリーテリングにおいて重要な役割を果たします。画像や動画を通じて感情的な物語を語ることで、共感を誘い、行動を促すことができます。

インフォグラフィックスで伝える複雑な情報

インフォグラフィックスは、複雑なデータや情報を視覚に訴えて魅力的かつ理解しやすい形で伝えるのに特に有効です。このツールを使用することで、データの洞察や関連性を明確に示すことができます。

【データの視覚化】

「統計データ」「プロセスフロー」「時間経過に関する情報」など、さまざまなデータを視覚的に表現します。これによって情報の吸収が容易になり、記憶に残りやすくなります。

【情報の階層化】

重要な情報からサブ情報まで、視覚的な階層を明確にすることで、受け手が情報を段階的に理解しやすくなります。「カラーコーディング」「フォントサイズ」「アイコン」などの使用によって、情報の優先度を視覚的に表現します。

【インタラクティブ要素の統合】

可能であれば、インフォグラフィックにインタラクティブな要素を組み込むことで、ユーザー参加型の学習体験を提供します。これによって、情報の探索と理解が深まります。

ビジュアルストーリーテリングの技法

ビジュアルストーリーテリングは、画像・動画・インフォグラフィックスなどを使用して物語を語るアプローチです。この方法は受け手に深い印象を与え、情報を効果的に伝えます。


【物語の構築】

視覚的な要素を使って、「はじまり」「中盤」「終わり」のある明確な物語を構築します。各シーンがスムーズにつながり、物語に引き込むようにします。


【感情の表現】

ビジュアルを通じて感情を表現し、受け手の感情を動かします。人々が感情的に関与することで、メッセージはより強く心に残ります。


【文化的要素の考慮】

文化的背景を考慮し、ビジュアルコンテンツが文化的に適切かつ関連性があるものであることを保証します。これによって、より広い層に対するアピールが可能になります。

ビジュアルコミュニケーションは、情報を効果的かつ魅力的に伝える手段です。本章では、「画像や動画を用いたコミュニケーション」「インフォグラフィックスによる複雑な情報の伝達」「ビジュアルストーリーテリングの技法」に焦点を当てました。これらのビジュアル手法を駆使することで、どんなメッセージも視覚的に訴え、深い影響を与えることができます。

第46章　ダイバーシティとインクルージョンの推進

多様性を尊重するコミュニケーション

ダイバーシティ＊とインクルージョンを推進するためには、ビジネスフィールド内でのコミュニケーションが重要な役割を果たします。多様性を尊重するコミュニケーションには、以下の要素が含まれます。

【言語の適応】

コミュニケーションに使用する言葉づかいが多様な背景を持つ個人を尊重し、包摂的であることを確認します。差別的または排他的な言葉は避け、肯定的で包括的な言葉を選びます。

【文化的感受性の向上】

異なる文化的背景を持つ人々に対する理解を深め、それに適したコミュニケーション方法を取り入れます。文化的な差異に敏感であることが信頼関係を築き、効果的なコミュニケーションを行う基盤となります。

【フィードバックの促進】

すべてのチームメンバーが自由に意見や感じたことを表現できる環境を整えることで、多様性を尊重する文化を強化します。オープンで正直なフィードバックは、継続的な改善とインクルージョンへの取り組みをサポートします。

インクルーシブなビジネスフィールドをつくるための戦略

インクルーシブなビジネスフィールドは、すべてのメンバーが受け入れられて価値を認められ、成長の機会を享受できる環境です。このような場をつくるための戦略には、以下が含まれます。

【ポリシーとプロセスの整備】

明確なダイバーシティとインクルージョンのポリシーを策定し、それに基づくプロセスをビジネスフィールド全体に実施します。これには、採用・昇進・評価のプロセスが公正で透明であることを確保する措置が含まれます。

【教育とトレーニング】

メンバーに対するダイバーシティとインクルージョンの教育を行い、多様性がもたらす利益と、偏見や差別に対する認識を高めます。定期的な研修やワークショップを通じて、ビジネスフィールド内の意識改革を促進します。

【リーダーシップのコミットメント】

上層部からの強いコミットメントとサポートが、インクルージョンの取り組みを推進する上で不可欠です。リーダーシップが積極的に関与し、模範を示すことで、ビジネスフィールド全体の文化が変わります。

ダイバーシティが生み出すクリエイティブ

多様なチームは、クリエイティブなアウトプットの質と量の両方を向上させることが示されています。ダイバーシティがクリエイティブを促進する理由は、以下の通りです。

【異なる視点の統合】

異なる文化的・専門的背景を持つチームメンバーは、それぞれ異なる視点を持ち寄ります。これらの視点を組み合わせることで、従来のアプローチでは見落とされがちな新しいアイデアや解決策が生まれます。

【創造的な衝突の利用】

異なる意見やアイデアが衝突することは、創造的な解決策を見つけるための刺激となります。適切に管理された衝突は、チームのイノベーションを促進し、より良い成果を導き出します。

【より広範な顧客基盤へのアピール】

ダイバーシティが高いチームは、より広範な顧客基盤に対応する製品やサービスを開発する能力を持ちます。これによって市場での競争力が向上し、組織の成長が促進されます。

ダイバーシティとインクルージョンの推進は、ただ公平であるだけでなく、ビジネスの成果を直接的に向上させる戦略的な取り組みです。本章では、「多様性を尊重するコミュニケーション」「インクルーシブなビジネスフィールドの構築」「ダイバーシティがクリエイティブに与える影響」に焦点を当てました。これらの原則を実践することで、組織は持続可能な成長とイノベーションを達成することができます。

第47章　クリエイティブなフィードバック文化の醸成

建設的なフィードバックを行うための技術

フィードバックは個人の成長やチームの改善に不可欠ですが、そのフィードバックが建設的であることが重要です。効果的なフィードバック技術を駆使することで、ポジティブな変化を促すことができます。

【具体性と明確性】

フィードバックは具体的かつ明確であるべきです。抽象的な批評ではなく、具体的な例を挙げて「どの行動が、どの結果につながったのか」を示します。これによってフィードバックの受け手は自身の行動をよりよく理解し、必要な改善点を明確に把握できます。

【ポジティブなアプローチ】

フィードバックを伝える際は、批判的なトーンを避け、ポジティブなアプローチを取ります。成功体験を強調し、改善が必要な点についても、改善の機会として提示します。これによってフィードバックは励ましとなり、受け手のモチベーションを維持します。

【継続的な対話の促進】

フィードバックは一方的な通信ではなく、継続的な対話の一部であるべきです。フィードバックセッションを定期的に設け、受け手が自身の感想や反応を共有できる機会を提供します。これによって、フィードバックがより効果的な学習プロセスとなります。

フィードバックを活かしたチームの成長

フィードバックは、チームの成長と進化を加速するためのカタリスト＊として機能します。以下の方法で、フィードバックを最大限に活用することができます。

【成果の評価とプロセスの改善】

チームの成果を定期的に評価し、フィードバックをもとにプロセスを改善します。これには、プロジェクトのレビュー会議や成果発表会を通じて、成果とその達成過程を評価する活動が含まれます。

【個々の貢献の認識】

チームメンバー個々の貢献を認め、その努力を評価することで、メンバーの自信と所属感を高めます。公正で透明な評価システムを用いて、個々の成長とチーム全体の発展を促進します。

【学習と適応の促進】

チームとしての学習文化を醸成し、フィードバックを学びの機会として捉えます。新しい戦略や技術への適応を通じてフィードバックを受け入れ、実践に移すことで、チームは常に進化し続けることができます。

オープンでクリエイティブなフィードバック環境の構築

フィードバック文化を根づかせるためには、オープンでクリエイティブな環境が必要です。このような環境を構築するためのキーとなる要素は、以下の通りです。

【安全な環境の提供】

メンバーがリスクを恐れずに意見を表明できる「心理的安全性」の高い環境を整えます。このような環境は、創造的なリスクを取りやすくし、革新的なアイデアの提案を促進します。

【多様性の尊重】

ダイバーシティを尊重し、異なる背景や視点を持つメンバーからのフィードバックを歓迎します。多様な意見が交わることで、より包括的で革新的な解決策が生まれます。

【透明性の確保】

フィードバックプロセスの透明性を高めることで、公正性と信頼性を確保します。フィードバックの目的や方法、そしてそれに基づく行動計画を明確にすることで、チームメンバーの積極的な参加と協力を促進します。

クリエイティブなフィードバック文化の醸成は、組織の持続可能な成長と革新を支える基盤となります。本章では、「建設的なフィードバックの技術」「フィードバックを活かしたチームの成長」「オープンでクリエイティブなフィードバック環境の構築」に焦点を当てました。これらの要素を組み合わせることで、組織は変化に対応し、市場での競争力を維持することができます。

第48章 リモートワーク時代のクリエイティブとコミュニケーション

リモート環境でのチームクリエイティブの促進

リモートワークが広がる中、チームのクリエイティブなエネルギーを維持し、さらに高めることは、組織にとって重要な課題です。以下は、リモート環境でチームのクリエイティブを促進するための戦略です。

【仮想コラボレーションスペースの設置】

リモートワークや分散型のチームが増える現代のビジネス環境において、チームメンバーが物理的に離れていても、アイデアや情報を自由に共有できる仮想のコラボレーションスペースを設けることが、成功するプロジェクトには不可欠です。こうしたスペースは、チーム全員が一体となって協力し、創造的なアイデアを生み出すための場になります。

仮想コラボレーションスペースには「オンラインホワイトボード」「共有ドキュメント」「ビジュアルブレインストーミングツール」などが含まれ、これらはメンバーがリアルタイムで共同作業を行うためのプラットフォームを提供します。

例えば、オンラインホワイトボードを活用することで、複数のメンバーが同時にアイデアを書き込んだり、図を描いたりすることができます。これによって離れた場所にいながらも、まるで対面でブレインストーミングをしているかのような体験を得ることが可能になります。

また、共有ドキュメントは、プロジェクトの進捗やタスクの割り振り、アイデアの整理に役立ちます。メンバー全員が同時にドキュメントにアクセスし、リアルタイムで更新や修正を行えるため、情報の伝達がスムーズで効率的です。

ビジュアルブレインストーミングツールを利用することで、テキストだけでなく、画像や図表を使ってアイデアを視覚化し、さらにクリエイティブな発想を引き出すことが可能です。これによって、メンバーは視覚的な刺激を受けながら新しいアプローチや解決策を見つけやすくなります。特に異なる専門知識を持つメンバー同士がコラボレーションする際には、ビジュアルツールが言葉の壁を超え、効率的な意思疎通を助ける役割を果たします。

【定期的なクリエイティブセッションの開催】

チームのクリエイティブセッションを定期的に計画し、リモートでのインタラクティブなワークショップを実施します。これによってメンバー間のクリエイティブな流れが維持され、新しいアイデアが生まれやすくなります。

【フレキシブルな作業時間の導入】

創造性を最大限に引き出すため、フレキシブルな作業スケジュールを提供します。メンバーが最も生産的な時間に仕事ができるようにすることで、クリエイティブな出力が向上します。

遠隔でのコミュニケーションスキルの向上

リモートワークでは、効果的なコミュニケーションが成功のカギとなります。遠隔でのコミュニケーションスキルを向上させるためには、以下のポイントが重要です。

【明確で簡潔なコミュニケーション】

メッセージは明確かつ簡潔にする必要があります。これによって誤解を防ぎ、効率的な情報伝達を実現します。

【多様なコミュニケーションツールの活用】

「オンライン会議」「インスタントメッセージング」「Eメール」など、目的に応じたコミュニケーションツールを選択します。これによって、情報の重要性や緊急性に応じた適切な伝達方法が選べます。

【レスポンスタイムの管理】

コミュニケーションの遅延がプロジェクトに影響を及ぼさないよう、適切なレスポンスタイムを設定します。これによって期待値の調整が容易になり、チーム間の信頼関係を維持しやすくなります。

リモートワークにおける信頼関係の構築

信頼はリモートワーク環境において、最も重要な要素の一つです。以下は、リモートワークにおける信頼関係を構築するための方法です。

【透明性の確保】

プロジェクトの進捗・決定事項・変更点を透明化して共有することで、不安を軽減し、チームメンバーの信頼を得ることができます。

【個別のチェックイン】

定期的に個々のチームメンバーと1対1でコミュニケーションを取り、個人の状況やニーズに耳を傾けます。これによってメンバーは支持されていると感じ、チームへのコミットメントが深まります。

【共有成功体験の創出】

ともに成功を収める体験を積むことで、リモートチーム間の結束力を高めることができます。プロジェクトの成功をチーム全体で祝い、達成感を共有することが重要です。

リモートワーク環境下でのクリエイティブとコミュニケーションの維持は、適切な戦略とツールの活用が必要です。本章では、「リモート環境でのクリエイティブな協働の促進」「コミュニケーションスキルの向上」「信頼関係の構築」に焦点を当てました。これらの要素を適切に管理することで、地理的な制約を超えた効果的なチームワークが実現します。

第49章　未来のクリエイティブとコミュニケーション

クリエイティブとコミュニケーションの未来予測

技術の進展と社会の変化に伴い、クリエイティブとコミュニケーションの領域は急速に進化しています。今後数年間で、これらの分野は以下のように変わる可能性が高いです。

【VRとARの統合】

VR（仮想現実）とAR（拡張現実）の技術が進歩することで、クリエイティブな作業やコミュニケーションは従来の方法を超えて、より没入型でインタラクティブな体験へと変わりつつあります。

VRは完全にデジタルな環境にユーザーを没入させ、仮想空間内での自由な創造活動やコミュニケーションを可能にします。また、ARは実際の現実世界にデジタル要素を追加することで、ユーザーが現実とデジタルを融合させたクリエイティブな表現を楽しむことができるようになります。こうした技術の進歩によって、単なる視覚的・聴覚的な要素にとどまらず、触覚的・物理的なインタラクションも組み込まれ、より豊かな体験が可能となります。

VR技術を活用することで、ユーザーは自分自身を物理的な制約から解放し、仮想空間で自由に動き回りながら、創造的なプロジェクトを進めることができます。例えば、デザイナーやアーティストは、従来の2D画面上での作業ではなく、3Dの仮想空間内でオブジェクトを作成・編集することができ、より直感的でインスピレーションを刺激する作業が可能になります。また、VRはリモートワークや遠隔でのコラボレーションにも大きな影響を与え、地理的な距離を超えて、まるで同じ部屋にいるかのような感覚でチームメンバーとコミュニケーションを取ることができるのです。

一方で、AR技術は実際の環境にデジタルコンテンツを重ねることで、現実の世界とデジタルの境界を曖昧にし、ユーザーに新しい視点やアイデアを提供します。例えば、エンジニアや建築家が現実の建設現場でARを使い、デジタルモデルを実際の建物に重ね合わせることによって、設計の問題点や改善点をリアルタイムで確認することが可能になります。このようにARは現実の作業環境にデジタルツールを融合させることで、より効率的で創造的な作業ができるようになるのです。

ＶＲとＡＲの統合は、従来のクリエイティブプロセスやコミュニケーションのあり方を根本から変え、新しい形の表現やインタラクションを可能にします。ユーザーは現実とデジタルの世界がシームレスに（境目のない）融合した環境で、これまでにない創造的な体験をすることができるようになり、今後ますますその可能性が広がるでしょう。

【パーソナライズされたコンテンツの増加】

ＡＩ技術の進歩に伴い、個々のユーザーに合わせたコンテンツが提供される時代が到来しています。ＡＩは、ユーザーの過去の行動・嗜好《しこう》・検索履歴・クリックパターンなどのデータを分析し、それに基づいてコンテンツをカスタマイズします。これによってユーザーは自分に最適化された情報・商品・サービスなどに簡単にアクセスできるようになり、より満足度の高い体験を得ることができます。このパーソナライズされたコンテンツの提供は、マーケティングや広告業界で特に注目されており、ターゲット広告の精度が飛躍的に向上しています。

また、パーソナライズのトレンドは、教育の分野にも大きな影響を与えています。ＡＩを活用することで、学習者一人ひとりの進捗状況や理解度に応じた教材や学習プランが提供されるようになって、より効果的で個別化された学習体験が可能になります。従来の「一斉授業」ではなく、学習者のニーズに応じた柔軟な教育方法が実現されるため、学習効果が高まると期待されています。ＡＩを使ったパーソナライズの進化は、学び方の多様化を促進し、教育の未来を大きく変える可能性があります。

パーソナライズされたコンテンツは、エンターテインメント業界にも広がりを見せています。例えば、動画ストリーミングサービスや音楽配信プラットフォームでは、ＡＩがユーザーの視聴履歴や評価をもとに、好みに合った映画や音楽を自動的にレコメンド（おすすめ）してくれます。これによってユーザーは膨大なコンテンツの中から自分の興味に合ったものを手軽に見つけ出すことができ、エンターテインメント体験がより充実したものになります。

ＡＩによるパーソナライズされたコンテンツの提供は、ユーザー体験の質を大幅に向上させ、あらゆる分野で利用者にとってより魅力的で価値のあるサービスを生み出しています。マーケティング・教育・エンターテインメントの分野にとどまらず、今後も多くの領域でパーソナライズのトレンドは広がり、私たちの生活の質を高める重要な要素となっていくでしょう。

【インタラクティブメディアの拡大】

ソーシャルメディアの進化と普及によって、企業やブランドと消費者とのコミュニケーションは、ますますダイナミックかつ双方向的なものへと変化しています。従来の一方向的な情報発信に代わり、インタラクティブメディアが主流となりつつあり、これによってユーザーは単なる受け手ではなく、コンテンツに積極的に参加することが可能になっています。この双方向的なコミュニケーションは、企業にとってはエンゲージメントを高め、ユーザーとの深いつながりを築くための強力なツールとなります。

インタラクティブメディアでは、ユーザーがコンテンツに対してリアクションを示したり、意見を共有したり、投票・コメント・シェアなどを行うことで、コミュニティの一員としての意識が生まれます。例えば、ライブ配信中にリアルタイムで視聴者からのコメントや質問に応じる形式のイベントは、従来のテレビ放送や広告とは異なり、視聴者が主体的に関与できるインタラクティブな体験を提供します。また、ストーリーテリングの要素を取り入れたインタラクティブな動画やゲーム形式のコンテンツも、ユーザーの没入感を高め、ブランドやサービスへの関心を引きつける手法として注目されています。

インタラクティブメディアは、ユーザーが自らコンテンツをつくり出し、他のユーザーと共有する機会を提供することで、より大きなコミュニケーションのエコシステムをつくり上げます。例えば、ユーザー生成コンテンツは、企業が主導する広告キャンペーン以上に信頼性を持つことがあり、ユーザー同士の自然な口コミや意見交換が促進されます。このような環境は、ユーザーに対して自分自身が発信者となり、影響力を持つ存在であるという感覚を与え、ブランドへのロイヤルティを高める効果があります。

インタラクティブメディアの拡大は、エンターテインメント・教育・マーケティングなどの分野だけでなく、政治や社会的な問題に対する議論の場においても重要な役割を果たしています。ユーザーが積極的に関与することによってコンテンツの価値が高まり、消費者と企業、あるいは社会全体とのつながりがより緊密になります。

インタラクティブメディアは今後もコミュニケーションの形を劇的に変革し続け、企業・ブランド・個人などにとって、ユーザーとの持続的な関係を構築するための不可欠な要素となっていくでしょう。

AIとテクノロジーが変えるスキルのあり方

AIとテクノロジーの進化は、クリエイティブとコミュニケーションスキルに大きな変化をもたらしています。未来では、以下のスキルが特に重要になるでしょう。

【データ解析能力】

AIツールが生成する大量のデータを解析し、有益な洞察を抽出する能力が求められます。クリエイティブプロフェッショナルは、データ駆動型の意思決定をサポートするためのスキルを身につける必要があります。

【テクノロジーアダプテーション】

新しいテクノロジーを迅速に学習し、適応する能力がますます重要になります。AIツールや新しいソフトウェアに対応できる柔軟性が、プロフェッショナルの成功を左右します。

【クリエイティブな問題解決】

テクノロジーが進化し、さまざまなルーティン作業や単純な業務が自動化される時代において、人間が持つクリエイティブな思考はますます価値を増しています。自動化技術やAIが多くの業務を効率化する一方で、複雑で予測不可能な問題に対しては、人間の柔軟で独創的なアプローチが必要です。

これらの問題に対して革新的な解決策を提案できる能力が、現代のビジネスや社会においてプレミアムなスキルと見なされるようになっています。単なるマニュアル通りの対応ではなく、「枠にとらわれない発想」や「多角的な視点からのアプローチ」が、企業の競争力を高めるカギとなります。

クリエイティブな問題解決には、従来の解決策にとらわれず、常に新しい方法やアイデアを模索する姿勢が求められます。例えば、従来のアプローチでは解決が難しいとされる問題に対して、異なる分野の知識を融合させたり、全く異なる業界の手法を応用したりすることで、驚くべき解決策が生まれることがあります。こうしたクリエイティブな思考は、複雑で多様な問題に直面する現代において、特に重要な役割を果たしています。

また、クリエイティブな問題解決能力は、企業だけでなく個人のキャリアにおいても非常に重要です。ルーティン作業がテクノロジーによって置き換えられる中で、個人が持つ独自のクリエイティブスキルは、競争優位をもたらすものとなります。

複雑な状況や未知の課題に対して、自らの経験や知識を駆使して解決策を見つけ出す能力は、今後ますます価値を持つでしょう。これによってテクノロジーに頼るだけではなく、人間らしい創造性や感性が新しい価値を生み出す原動力となるからです。

クリエイティブな問題解決能力を養うことは、単に技術的なスキル以上に、未来に向けた重要な投資と言えます。現代の複雑な問題に対処するためには、従来の方法を超えて、新しいアイデアや視点を柔軟に取り入れることが不可欠です。

クリエイティブな問題解決は、これからの時代においてますます求められるスキルであり、人々がテクノロジーと共存しながら新たな可能性を追求するための重要な要素となるでしょう。

人間の創造力と対話力を未来に活かす

テクノロジーの進歩に伴い、人間独自の能力をどのように活かすかが重要なテーマとなっています。未来において、以下の点がクリエイティブとコミュニケーションの領域で強調されるでしょう。

【感情知能】

ロボットやAIが多くの分野で人間をサポートし、さまざまな業務を効率化している現代においても、感情知能(EQ)を持つことは、依然として人間にとっての大きな強みです。感情知能とは、単に自分や他人の感情を理解する能力だけでなく、それを適切に管理し、共感を示しながらコミュニケーションを取る能力を指します。ロボットやAIはデータ処理や論理的な思考には優れているものの、感情の理解や共感を示すことが難しいため、感情知能を持つことが人間の独自性を際立たせます。

感情知能を発揮することで、単なる情報のやり取りを超えた、信頼関係を築くことができます。人は、相手が自分の感情を理解し、共感してくれると感じたときに、安心感や信頼感を抱きます。

このような感情のつながりが、ビジネスや個人の関係においても重要です。感情を理解し、適切に対応することで、対話がより円滑になり、効果的なコミュニケーションが可能となります。特に難しい状況や衝突が生じた場合、感情知能を持つことで対立を緩和し、建設的な解決策を見つけることができます。

感情知能は、リーダーシップやチームワークにも大きな影響を与えます。感情知能を持つリーダーは、チームメンバーのモチベーションや感情を理解し、それに基づいて適切なサポートを提供することができます。また、感情知能は、ストレスの高い環境や困難な状況においても冷静さを保ち、他者に対して思いやりを持って接することで、周囲にポジティブな影響を与える力となります。

感情知能を持つことは、単にビジネスフィールドでの成功に寄与するだけでなく、個人間のつながりを深め、持続的な信頼関係を築くための重要な要素です。ロボットやＡＩがどれだけ進化しても「感情を理解して共感を示す能力」は人間特有の強みであり、これからも私たちが他者との関係を築く上で欠かせないスキルであり続けるでしょう。

【倫理的判断】

ＡＩやテクノロジーがますます進化し、さまざまな分野で人間の意思決定プロセスを支えるようになっている現代においても、倫理的な判断を下す能力は依然として人間にしかできない重要なスキルです。ＡＩの決定プロセスは、あくまでデータやアルゴリズム（計算方法）に基づいたものであり、感情や道徳的な価値観を考慮することができません。そのため、テクノロジーが介在する未来においても、人間が中心的な役割を果たす理由の一つが、この「倫理的な判断」を下す能力にあります。

人間は、状況に応じて柔軟に「道徳的な観点」や「社会的な影響」を考慮しながら、行動を決定することができるため、特に企業や組織のリーダーシップにおいて重要な資質となります。例えば、ＡＩが効率性や収益性を重視した判断を下したとしても、それが必ずしも倫理的に正しいとは限りません。企業が社会的責任を果たす上で、人間が倫理的な観点から状況を評価し、判断を補完することは不可欠です。例えば、ある決定が短期的には利益をもたらすものの、長期的には社会や環境に悪影響を及ぼす場合、人間はその道徳的な側面を考慮し、バランスの取れた判断を下すことが求められます。

こうした倫理的判断は、顧客やステークホルダーとの信頼関係を築く上でも重要です。企業や組織が倫理的な基準に従って行動することは、長期的な成功のカギにもなります。倫理的な判断を下せるリーダーシップは、社員やパートナーに信頼感を与え、持続可能なビジネスの発展を支える重要な要素となります。特に今日のグローバルなビジネス環境においては、倫理的な問題が複雑化しており、人間がテクノロジーと連携しながら、正しい判断を下す能力がますます求められています。倫理的な観点からの意思決定は、企業の評判やブランド価値にも直結し、消費者や社会からの支持を得るために欠かせない要素です。

倫理的な判断を下す能力は、テクノロジーの進化が加速する時代においても、重要なスキルであり続けます。人間はＡＩの限界を補完しつつ、道徳的な価値観や社会的影響を考慮して判断を行うことで、企業や組織が持続可能な成長を遂げるための重要な役割を果たすことができるのです。

【創造的な表現】

アート・音楽・文学といった人間の感情や経験を表現するクリエイティブな活動は、テクノロジーの進化によって新たな手法や道具を得て補完されるものの、その本質は依然として人間独自のものであり続けます。これらの創造的な分野は、単なる機械的なプロセスではなく、人間の内面的な感情・思想・経験などを反映した表現が求められるため、テクノロジーでは完全に代替することはできません。人々の心を動かし、共感を呼び起こすアート・音楽・文学などは、人間特有の創造力と感受性が不可欠な要素となっています。

テクノロジーが進歩するにつれて、アーティストやクリエイターは新しいツールやメディアを使って、これまでにない表現方法を模索することができるようになりました。例えば、「デジタルアートやコンピューターを使った音楽制作」「ＡＩを活用した文学の生成」など、新しい技術はクリエイティブな表現を広げる可能性を提供しています。しかし、これらの技術はあくまで補完的なものであり、最終的には人間の想像力と個性的な感性が、作品に深みと意味を与えるのです。

テクノロジーの進歩によって、アート・音楽・文学といった表現がさらに多様化し、異なる分野が融合する新しい形態のクリエイティブな作品が誕生しています。例えば、インタラクティブアートやバーチャルリアリティを使った没入型のエンターテインメントは、アートとテクノロジーの結びつきが生み出した新しい表現形式の一つです。これによって従来の平面や紙の上での表現を超え、観客やユーザーが自ら作品に関わり、体験することができる新しいクリエイティブの形が登場しています。

テクノロジーはクリエイティブな活動を補完し、さらなる発展を促す一方で、アート・音楽・文学といった真の価値はやはり人間の創造力に根ざしています。テクノロジーを駆使することで、表現の幅や手法が拡大する一方で、「感情や経験を通じて物語を紡《つむ》ぎ出し、人々に感動や共感を与える力」はこれからも人間にしか持ち得ないものです。

テクノロジーと創造力が融合することで、新しい表現の可能性が生まれる未来に期待が高まりますが、その中心には常に人間の感性があるのです。

クリエイティブとコミュニケーションの未来は、テクノロジーの急速な発展と密接に関連していますが、人間独自の能力の重要性は変わりません。本章では、「テクノロジー分野の未来予測」「AIとテクノロジーの影響」「人間の創造力と対話力の未来的な活用」に焦点を当てました。これらの知見は、プロフェッショナルが未来の挑戦に効果的に対応するための指針となります。

第50章　持続可能な発展のためのクリエイティブとコミュニケーション

グリーンイノベーションを推進するクリエイティブ戦略

持続可能な発展に向けて企業や組織が採用するクリエイティブ戦略は、環境に対する負担を軽減し、エコロジカルなプロダクトデザインと材料の選択に重点を置いています。以下は、グリーンイノベーションを推進するためのクリエイティブなアプローチです。

【サステナブルデザインの採用】

製品のデザイン段階から「環境への負荷を最小限に抑えること」を目指すサステナブルデザインの採用は、現代の企業やデザイナーにとってますます重要な取り組みとなっています。

このアプローチでは、単に機能や美しさを追求するだけでなく、製品がライフサイクル全体を通じて環境に与える影響を考慮することが不可欠です。具体的には、「再生可能な資源を優先的に使用」し、限りある天然資源の保護に努めます。また、製品の製造プロセスにおいても、「エネルギー効率を高める」「温室効果ガスの排出やエネルギー消費を削減する」ことが求められます。

製品の寿命が尽きた後にどのように廃棄されるかを考慮し、「リサイクルや再利用が容易な素材や設計を取り入れる」ことも、サステナブルデザインの重要な要素です。製品が使われなくなった際に、環境に負担をかけることなく再生可能な形で廃棄されるように計画することで、廃棄物の削減やリサイクル資源の活用が促進されます。リサイクルの容易さを考慮したデザインは、製品が廃棄物として終わるのではなく、新たな資源として生まれ変わる循環型経済の実現に貢献します。

サステナブルデザインは、製品の開発プロセス全体において、持続可能な未来を目指すための基本理念であり、環境だけでなく社会全体にも大きな利益をもたらします。例えば、再生可能エネルギーを使用する製造プロセスや、環境にやさしい包装材料を採用することによって、企業は自社の環境への影響を削減しつつ、消費者にもエコロジカルな選択肢を提供することができます。このような取り組みは、消費者の環境意識の高まりにも応え、企業のブランドイメージ向上や競争力強化にもつながるでしょう。

サステナブルデザインは単なるトレンドではなく、長期的なビジョンと責任感を持って取り組むべき課題です。デザイナーや企業が早期の段階で環境への影響を考慮し、持続可能なデザインを実践することで、未来の世代にとっても豊かな環境を守ることができるのです。

【イノベーティブな素材の探求】

環境への配慮が求められる現代において、伝統的な素材に代わる「環境にやさしい代替素材の開発」は、持続可能な未来を目指すために重要な取り組みです。企業や研究者は、これまでの素材がもたらしてきた環境への負荷を軽減し、自然資源への依存を減らすために、革新的な素材の開発に注力しています。

こうした新しい素材は、再生可能な資源を利用してつくられることが多く、資源の枯渇を防ぎつつも、従来の素材と同等、あるいはそれ以上の性能を発揮することが期待されています。例えば、プラスチックに代わる「生分解性プラスチック」や、動物由来の革に代わる植物ベースの「ビーガンレザー」など、環境負荷の低い新素材の開発は、ファッションや工業製品の分野でも広がりを見せています。

これによって、製品のライフサイクル全体を通じて環境への悪影響を最小限に抑えることが可能となり、企業にとっても消費者にとっても、より持続可能な選択肢を提供できるようになっています。このようなイノベーティブな素材の活用は、環境にやさしいだけでなく、独自の質感や特性を持つことで新しいデザインや製品の可能性を広げる効果もあります。

再生可能資源の利用を促進することで、持続可能な生産体制が確立されるとともに、自然環境の保護にも貢献します。従来の素材は石油・金属・森林資源などの限りある天然資源を大量に使用していましたが、これらの代替素材を用いることで、天然資源の消耗を抑えつつ、長期的な資源の利用を確保することができます。また、新素材の開発はリサイクルプロセスを簡便化し、使用済みの素材が再び循環する経済モデルにも貢献するでしょう。

こうしたイノベーティブな素材の探求は、企業のサステナビリティ戦略の一環としてますます重要な位置を占めるようになっており、同時に消費者の意識変革にもつながっています。環境への配慮が高まる中で、持続可能な選択肢を提供する企業は、エコ意識の高い消費者の支持を得ることができ、競争力を高めることにもつながります。環境にやさしい代替素材の開発は、自然資源の保護を促進し、持続可能な未来を実現するための重要なステップです。

【生態系との調和を考えたデザイン】

製品やサービスのデザインにおいて、生態系との調和を考慮することは、持続可能な社会を実現するための重要な取り組みです。デザインの段階から自然環境への影響を最小限に抑えるよう配慮し、製品が周囲の生態系と共存できるように設計することで、長期的な環境保全が促進されます。

このアプローチによって、現在の私たちの生活が自然環境を破壊せずに成り立つようにし、後世にも持続可能な地球を残すことが大きな目標となります。例えば、自然に還元される素材を使用した製品のデザインや、エネルギー効率を最大限に高めたサービスの提供が挙げられます。

リサイクル可能な素材を活用するだけでなく、製品の製造プロセス自体も環境にやさしいものへと進化させることで、製品ライフサイクル全体を通じて、自然環境への負荷を軽減することができます。さらに、製品の使用が終わった後にも、その廃棄やリサイクルが簡単に行われ、自然に害を与えることなく循環する経済モデルを取り入れることも重要です。

都市計画や建築デザインにおいても、生態系との調和がますます重視されています。自然との共生を目指し、「建物がエネルギーを自己供給できるような設計」や「自然光や自然通風を効果的に利用できるような設計」などで資源の消費を抑えつつ、自然環境を守る取り組みが進んでいます。

こうしたデザインの考え方は、建築物だけでなく、都市全体のグリーンインフラの構築にも応用され、持続可能なコミュニティの形成を支えています。さらに、製品やサービスのデザインが生態系との調和を考慮することで、企業やブランドの環境に対する責任感が強調されます。

環境保全を重視する姿勢は、消費者のエコ意識の高まりに応えるものであり、企業の社会的責任を果たすための重要なステップです。消費者は自らが購入する製品やサービスが環境にどのような影響を与えるかを意識するようになってきており、環境に配慮したデザインが市場での競争優位をもたらすこともあります。

製品やサービスが自然環境と調和するように設計することは、環境保全を促進し、持続可能な未来を実現するための不可欠なアプローチです。

持続可能性に基づいたコミュニケーション

持続可能性の推進には、コミュニケーション戦略が不可欠です。以下の方法で、エコフレンドリーなイニシアティブを効果的に伝え、広く支持を集めることができます。

【ストーリーテリングを用いた伝達】

エコフレンドリーな取り組みの背景にあるストーリーを共有し、その重要性を感じさせることができます。感情的に共感し、行動を起こすきっかけを提供します。

【透明性と一貫性の維持】

コミュニケーションは透明で一貫性がある必要があります。企業の持続可能性への取り組みに関する正直で詳細な情報を提供することで、信頼性と信用を築きます。

【エンゲージメントプラットフォームの活用】

ソーシャルメディアやウェブサイトなどのプラットフォームを利用して、積極的に情報を発信し、ステークホルダーとのコミュニケーションを強化します。これによって、より広範なオーディエンスとの対話が可能になります。

教育と公共政策におけるクリエイティブの役割

持続可能な未来を築くためには、教育と公共政策が重要な役割を果たします。以下は、教育と政策形成におけるクリエイティブの活用方法です。

【教育プログラムの革新】

持続可能な開発に焦点を当てた教育プログラムを導入することは、次世代のリーダーや意思決定者を育成するために重要なステップです。このようなプログラムは、環境問題や社会的課題に対する理解を促し、持続可能な未来を創造するための知識とスキルを学生に提供します。具体的には「再生可能エネルギーの活用」「資源の効率的な使用」「生物多様性の保護」など、現代社会が直面する持続可能性の課題に取り組むための実践的な知識を学ぶ機会を提供します。

こうした教育プログラムは、単に知識を伝えるだけでなく、問題解決型の学習やプロジェクトベースの学習を通じて、学生たちに実際の状況で持続可能なソリューションを模索する力を養います。例えば、地域社会の環境問題に取り組むプロジェクトや、企業とのパートナーシップを通じた実務経験を得る機会を提供することで、学んだ知識を実際の場で応用し、より効果的な成果を上げることができます。このように、持続可能な開発をテーマにした教育は、単なる理論にとどまらず、実践に直結するスキルの習得を目指しています。

持続可能な開発に関する教育プログラムを導入することは、次世代のリーダーや意思決定者を育成するだけでなく、環境意識の高い社会全体の構築を目指す一助にもなります。学生たちが環境問題や社会的な課題に対する意識を高めることで、将来的には企業・政府・NGOなど、さまざまな分野でリーダーシップを発揮し、持続可能な社会の実現に貢献することが期待されます。環境保護だけでなく、経済的な持続可能性や社会的公平性に関する理解を深めることで、次世代の意思決定者は、バランスの取れた持続可能な解決策を見つけることができるようになります。

さらに、このような教育プログラムを通じて育成された次世代のリーダーたちは、自らの知識やスキルを活かして、企業や組織における環境意識を高める役割を担うことができるでしょう。彼らが意思決定のプロセスに参加することで、企業や政府の持続可能な発展に向けた戦略がより効果的に実行され、長期的な環境保護と社会の繁栄が実現される可能性が高まります。

持続可能な開発に特化した教育プログラムの革新は、次世代のリーダーを育成するだけでなく、全体的に環境意識の高い社会を構築するための重要な手段です。この取り組みによって地球規模の環境問題に対応し、将来の世代にも豊かな地球を残すことができる社会の実現が目指されます。

【政策提案のクリエイティブな提示】

政策提案をより効果的に伝え、その重要性を強調するために、クリエイティブな要素を取り入れることは有効です。単に文字やデータを並べるだけではなく、視覚的にわかりやすい形で提案内容を伝えることで受け手の理解を深め、関心を引きやすくなります。例えば、インフォグラフィックスを用いることで、複雑なデータや統計情報を視覚的に整理し、重要なポイントを一目で把握できるようにします。これによって政策の効果や必要性が視覚的に強調され、受け手に強いインパクトを与えることができます。

動画プレゼンテーションを活用することで、政策提案を動的かつ感情的に訴えかけることも可能です。動画は視覚と聴覚の両方に訴えるため、情報を伝えるだけでなく、受け手の感情を引き込む効果もあります。特に問題の背景や提案する解決策をストーリーテリング形式で伝えることで、受け手が提案内容に共感しやすくなり、政策の重要性がより強く認識されるでしょう。映像を通じて、受け手にリアルな状況や問題の緊急性を感じてもらうことで、行動を促す力がより強まります。

インタラクティブなウェブツールを用いたプレゼンテーションも、政策提案の効果的な手法の一つです。ユーザーが自ら情報にアクセスし、必要なデータを探索できるインタラクティブなプラットフォームを提供することで、政策の内容をより深く理解することができます。これによってユーザーは政策の詳細を自分のペースで確認し、特に関心のある部分を重点的に学ぶことができるため、より具体的な理解が進みます。また、インタラクティブな要素を通じて、ユーザーが政策提案に積極的に関わり、自分の意見を反映させることも可能となり、双方向的なコミュニケーションが促進されます。

「インフォグラフィックス」「動画プレゼンテーション」「インタラクティブなウェブツール」といったクリエイティブな手法を活用することで、政策提案は単なる文章やデータの羅列を超え、より魅力的で説得力のある形で伝えることができます。これによって政策の効果と重要性が際立ち、ユーザーや関係者の支持を得やすくなるでしょう。視覚的かつインタラクティブな要素を取り入れることで、政策の成功に向けた理解と協力がより促進されます。

【公共の場でのクリエイティブなイノベーション】

クリエイティブなアプローチを公共の場に取り入れることは、都市や地域社会において、市民の関心を集め、積極的な参加を引き出すための効果的な手段です。公共の空間は、日常生活の中で多くの人々が自然に関わる場所であり、ここにアートやイノベーションを融合させることで、市民一人ひとりが持続可能性や社会的な問題に対して新たな視点を得る機会を提供することができます。

アートインスタレーションやインタラクティブな公共イベントを活用することで、環境問題や社会的な課題に対するメッセージを視覚的・体験的に伝えることができ、単なる情報提供を超えた深いインパクトを生み出します。例えば、街の広場や公園などに設置されるアートインスタレーションは、環境保護や再生可能エネルギーといったテーマを視覚的に訴えることができるものであり、通行人の興味を引き、思考を刺激します。

こうしたインスタレーションは、芸術とテクノロジーを組み合わせることで、視覚的に魅力を持ちながらも、社会問題への理解を促進する役割を果たします。また、これらのインスタレーションがインタラクティブな要素を持つ場合、通行人が直接作品に触れたり、参加したりすることができるため、個人が問題に対して主体的に関わるきっかけにもなります。こうした体験は、単なる観覧にとどまらず、市民の意識を高め、行動変容を促す力を持っています。

公共イベントを通じて、市民が直接参加できる場を設けることも、クリエイティブなイノベーションの一環として効果的です。持続可能性や地域社会の発展をテーマにした「ワークショップ」「ディスカッション」「フェスティバル」などを開催することで、さまざまな年齢層やバックグラウンドを持つ市民が一堂に会し、共通の問題に対して意識を高め合うことができます。

こうしたイベントは、教育的な要素を含むだけでなく、コミュニティ全体が協力して持続可能な未来を築くための具体的な行動を促すプラットフォームとして機能します。市民の参加を通じて、持続可能なライフスタイルの重要性が浸透し、地域全体での環境保護や社会的責任の共有が進むでしょう。

クリエイティブなアプローチを公共の場に取り入れることは、単に美的な価値を提供するだけでなく、社会的・環境的なメッセージを効果的に伝える手段となります。アートやイベントを通じて持続可能性に対する意識を高め、市民一人ひとりが問題解決に向けて積極的に行動できるように促すことができます。

公共の場でのクリエイティブなイノベーションは、都市や地域社会がより持続可能で豊かな未来を築くための重要な一歩となるでしょう。

持続可能な発展のためのクリエイティブとコミュニケーションは、環境と社会に対する理解と創造的なアプローチからなります。本章では、「グリーンイノベーションの推進」「持続可能性に基づいたコミュニケーションの強化」「教育と公共政策におけるクリエイティブの活用」に焦点を当てました。これらの戦略を通じて、企業や組織は環境的・社会的責任を果たし、持続可能な未来への貢献を実現します。

おわりに

クリエイティブとコミュニケーションの未来への展望

本書を通じて、「クリエイティブ」と「コミュニケーション」という二大スキルの洞察とその応用方法を探求してきました。これらのスキルは、現代社会において極めて重要な資産です。個々の成功はもちろんのこと、組織の成長と持続的な発展においても欠かせない要素であり、さまざまな分野や業界でその力が発揮されることが求められています。

現代の社会はますます複雑化し、技術の進化やグローバル化の進展によって、個人や企業が直面する課題も多様化しています。これらの複雑な環境の中で、クリエイティブな発想と効果的なコミュニケーションスキルを磨き上げることが、成長と成功のカギとなることを本書で紹介してきました。

継続的な学びと成長の重要性

本書の目的は、クリエイティブとコミュニケーションという二大スキルを、読者のみなさんが深く理解し、それを実際の職場や日常生活に応用できるよう支援することです。これらのスキルは短期間で身につけられるものではなく、長期的な努力と日々の実践が必要です。

私たちは常に変化し続ける世界に生きています。新しい技術や理論が日々登場し、既存の枠組みを揺るがすイノベーションが次々と起こる現代において、これらのスキルを維持し、さらに発展させるためには、絶え間ない学びと柔軟な適応が不可欠です。成長し続けることが、自分自身の未来、そして所属する組織の成功を切り拓く重要な要素となります。

また、クリエイティブな発想や効果的なコミュニケーションスキルは、一度習得すれば終わりではなく、常に新しい課題や状況に応じて進化していく必要があります。現代のダイナミックなビジネス環境や、変化の激しい社会情勢の中で、これらのスキルをどのように磨き続けるかが、今後のキャリアと成功を左右するでしょう。本書が、その一助となることを心から願っています。

クリエイティブとコミュニケーションの未来

テクノロジーの進化は、私たちの生活や仕事、そしてコミュニケーションの方法に大きな変化をもたらしています。ＡＩ（人工知能）や機械学習の発展によって、クリエイティブな作業やコミュニケーションの一部が自動化され、これまで以上に効率的かつ革新的な方法で問題解決に取り組むことができるようになっています。しかし、どれほどテクノロジーが進化しても、人間が持つクリエイティブな発想や、感情を通じたコミュニケーションの価値が失われることはありません。むしろ、これらの人間的な要素こそが、未来においてさらに求められるでしょう。私たちの感性や共感、独創的なアイデアは、テクノロジーでは決して代替できない、人間にしかない強みです。

未来の社会では、ＡＩやテクノロジーが多くの仕事を担う一方で、人間はよりクリエイティブな役割を果たすことが求められるでしょう。クリエイティブな発想や、他者と深くつながるコミュニケーションを通じて、どんな複雑な課題にも対応できる柔軟性と革新力を発揮することが、今後の時代に必要とされます。テクノロジーとの共存を図りながら、人間らしい強みを活かしたクリエイティブな未来を築くためには、これからもクリエイティブとコミュニケーションスキルを研ぎ澄ませ、進化し続けることが重要です。

コミュニティとの共有と協力の力

クリエイティブとコミュニケーションのスキルを磨くためには、学んだ知識を他者と共有し、ともに成長することが非常に大きな力となります。コミュニティ内で知識や経験を共有することで、異なる視点や価値観を取り入れ、新しいアイデアを生み出す絶好の機会が得られます。また、他者に教えることで、自らの学びがさらに深まり、知識の定着も促進されます。

このプロセスを通じて、私たちは異なる文化や価値観を理解し、多様性を尊重する力を高めることができるでしょう。協力し合い、互いに支え合うことで、クリエイティブとコミュニケーションのスキルはさらに強固なものとなり、個人の成長だけでなく、チームや組織全体の発展にも大いに貢献します。

私たちがクリエイティブとコミュニケーションのスキルを駆使することで、単に生産性を上げるだけでなく、より良い人間関係を築き、深い理解を共有し、豊かな社会を形成する基盤を整えることができます。これらのスキルは、個々の人生をより豊かにするだけでなく、周囲の人々や社会全体に大きな影響を与え、ポジティブな変化をもたらす力となるのです。

妄想力が拓く未来の可能性

本書の最後に、もう一つ重要な視点として「妄想力」という概念について触れておきたいと思います。この妄想力は、クリエイティブとコミュニケーションを支える基盤であり、これら二つのスキルをさらに超越する力でもあります。妄想力は、制約や常識を取り払った純粋な発想の場であり、未来を創造する原動力です。それは現実を再解釈し、まだ存在しないものを形づくり、周囲の人々と共有し共感を呼び起こす力です。

妄想力の本質は「こうであったらいいな」という理想を、現実の制約にとらわれずに思い描く能力にあります。たとえば、飛行機を発明したライト兄弟や電球を生み出したエジソンは、「人間が空を飛ぶ」「夜を明るくする」という当時では非現実的と思われたビジョンを妄想力で実現に近づけました。これらのアイデアは単なる現実逃避ではなく、具体的な行動に結びつく想像力として、革新をもたらしました。

妄想力は、クリエイティブスキルをさらに広げ、既存の問題や課題を全く新しい方法で解決するヒントを与えてくれます。ビジネスにおいても、日常生活においても、この力は私たちが未知の可能性を切り拓くカギとなるでしょう。

コミュニケーションにおいても、妄想力は極めて重要です。「他者の立場や視点を想像する力」「他者の考えや感情の背景を思い描く力」が、深い対話や共感を生む基盤となります。たとえば、妄想力によって「相手が今どのような気持ちでいるのか」「どんな未来を描いているのか」を想像し、その想像をもとにした言葉や行動を取ることで、信頼関係を築くことが可能になります。

さらに、妄想力は新しいストーリーを生み出す力でもあります。ストーリーテリングが重要視される現代において、相手に響くストーリーを描いて共感を引き出す力は、効果的なコミュニケーションの核となります。このような妄想力の活用は、単に情報を伝えるだけではなく、相手の心を動かし、行動を促す力を秘めています。

テクノロジーと妄想力の共存

ＡＩや自動化技術が進化し、私たちの生活はますます効率化されています。しかし、どれほどテクノロジーが進化しても、人間が持つ妄想力や感性が失われることはありません。むしろ、テクノロジーは私たちが妄想力を活かすためのツールとして機能します。

たとえば、ＡＩがデータ分析や反復作業を担う一方で、私たちはその結果をもとにした「もしこうだったら？」という新しい問いを立てることができます。テクノロジーと妄想力が融合することで、より高度で独創的なプロジェクトが実現可能になるのです。未来の社会では、ＡＩが提供する事実やパターンを基盤としつつ、それをどう使うかを決定づける妄想力こそが、人間の最大の強みとなるでしょう。

妄想力は誰もが持っている力であり、意識的に育むことでさらに強化することができます。制約を外して自由に発想する時間を設けたり、新しい視点に触れたりすることで、この力を育てることが可能です。また、自分の妄想を他者に共有し、互いに刺激を受け合うことが、新たな発想を生み出す原動力となります。

新たな旅のはじまり

本書を通じて、クリエイティブとコミュニケーションの重要性を理解していただけたことを大変うれしく思います。この旅はここでいったん区切りを迎えますが、学びと成長の旅はまだまだ続きます。

読者のみなさんが本書で得た知識とスキルを、日常生活や職場で活かし続け、さらに深めていくことを心から願っています。これらのスキルは、単なる知識として身につけるだけではなく、実践し続け、磨き続けることで本当の力を発揮します。どんな小さな一歩でも、それを積み重ねることで、やがて大きな成果へとつながるでしょう。

未来は私たちの手の中にあります。クリエイティブとコミュニケーションのスキルを活かして、みなさん自身の人生やキャリアをより良いものにしていくことができるはずです。みなさんがこの本を通じて学び、次のステップへ進むことを心から応援しています。そして、これからの未来に向けて、自信を持って一歩を踏み出してください。

本書を手に取っていただき、誠にありがとうございました。クリエイティブとコミュニケーションのスキルを駆使し、みなさんの世界をより豊かで素晴らしいものにしていきましょう。今後のみなさんの成功と成長を心から祈っています。

岡村 徹也（おかむら てつや）
社会学者／事業開発プロデューサー

1995年、早稲田大学卒業。名古屋大学大学院環境学研究科社会環境学専攻博士前期課程修了後、2010年に博士後期課程単位取得満期退学。専門は社会的空間、メディア、観光、スポーツ、記号・消費文化、企業・組織文化。ビジネス面では、ロック・ポップス・クラシック・ジャズなど国内外アーティストによるコンサート、美術展など各種イベントの企画・運営に携わる。企画・プロデュースした主なものに、立体型都市公園「オアシス21」や池泉回遊式日本庭園「徳川園」のオープニング事業、2005年日本国際博覧会のパビリオン「夢みる山」にてテーマシアター『めざめの方舟』、世界初の試みとなった世界最大の女子マラソン大会「名古屋ウィメンズマラソン」（ギネス世界記録登録）などがある。2022年11月、プロデューサーを務める「ジブリパーク」が開園。2023年より、社会学者／事業開発プロデューサーとして培った知識と経験を、ロボット、AI、DX、自然エネルギー、宿泊、飲食、ファッション、スポーツビジネスなどへの活用を本格化。全国各地で新規事業開発および地域創生事業を推進している。主な著書に『ロボットエイジ』（産経新聞出版）などがある。

ブックデザイン：ユリデザイン 中尾香

成功を引き寄せる究極の二大スキル
クリエイティブ&コミュニケーション
令和7年 3月31日　第1刷発行

著　者　　岡村徹也
発行者　　赤堀正卓
発行・発売　株式会社　産経新聞出版
〒100－8077　東京都千代田区大手町1-7-2
産経新聞社内
電話03-3242-9930　FAX 03-3243-0573
印刷・製本　サンケイ総合印刷

ISBN 978-4-86306-192-7